الإدارة بالمعرفة
ومنظمات التعلم

بسم الله الرحمن الرحيم

يقول الله سبحانه وتعالى

(اقرأ باسم ربك الذي خلق، خلق الانسان من علق، اقرأ وربك الأكرم، الذي علم بالقلم، علم الانسان ما لم يعلم) (العلق:1-5)

صدق الله العظيم

(قل هل يستوي الذين يعلمون والذين لا يعلمون إنما يتذكر أولوا الألباب) (الزمر:9)

صدق الله العظيم

(... وعلمك ما لم تكن تعلم وكان فضل الله عليك عظيما) (النساء:113)

صدق الله العظيم

قال رسول الله ﷺ: (ما معناه):

« خيركم من تعلم العلم وعلمه ».

« كاد المعلم أن يكون رسولا ».

صدق رسول الله ﷺ

الإدارة بالمعرفة ومنظمات التعلم

تأليف
دكتور/ مدحت محمد أبو النصر

أستاذ تنمية وتنظيم المجتمع بجامعة حلـوان

دكتوراه من جامعة Wales ببريطانيا

أستاذ زائر بجامعة .C.W.R بأمريكا

أستاذ معار بجامعة الإمارات العربية المتحدة (سابقا)

رئيس قسم العلوم الإنسانية بكلية شرطة دبي (سابقا)

الناشر

المجموعة العربية للتدريب والنشر

2012

فهرسة أثناء النشر إعداد إدارة الشئون الفنية - دار الكتب المصرية

أبو النصر، مدحت محمد

الإدارة بالمعرفة ومنظمات التعلم/ تأليف مدحت أبو النصر.

ط1 . القاهرة: المجموعة العربية للتدريب والنشر

192 ص : 24x17 سم.

الترقيم الدولي : 978-977-6298-24-8

1- الإدارة بالمعلومات أ- العنوان

ديوي: 658,4 رقم الإيداع: 2011/9970

الطبعة الأولى

2012

الناشر

المجموعة العربية للتدريب والنشر

8 أشارع أحمد فخري - مدينة نصر - القاهرة - مصر

تليفاكس: 22759945 - 22739110 (00202)

الموقع الإلكتروني: www.arabgroup.net.eg

E-mail: info@arabgroup.net.eg

elarabgroup@yahoo.com

الإهداء

إلى جميع العاملين في كل المنظمات والمجالات
ليدركوا أن المعرفة قوة، وأنها القاعدة الصحيحة
لكل قرار رشيد وعمل ناجح.

المحتويات

المحتويات

المقدمة

نحن نعيش في عصر المعرفة Knowledge Age أو في عصر المعلومات Information Age، وذلك نظرا لما نراه من النمو السريع في المعلومات والمعارف من حولنا، فعلى مستوى العالم فإن كمية المعلومات تتضاعف كل خمس سنوات، وقوة الحاسب الآلي Computer تتضاعف كل سنتين على الأقل.

هذا ونظرا لتعاظم دور المعرفة وأهميتها في ممارسة جميع وظائف وعمليات الإدارة، وفي تحسين هذه الممارسة، بل وتحقيق التميز في هذا الشأن بدأت المنظمات تهتم بشكل أكبر بتطبيق فكر ومبادئ الإدارة بالمعرفة Knowledge Management.

فلقد شهدت السنوات الماضية اهتماما متزايدا من جانب قطاع الأعمال وبعض الجهات الحكومية في بعض الدول العربية لتبني مفهوم إدارة المعرفة. وترى الإدارة بالمعرفة أن المعرفة مورد هام جدا لجميع المنظمات سواء سلعية أو خدمية. وأن المعرفة هي أحد عناصر الإنتاج. كذلك تؤكد الإدارة بالمعرفة على أنه لم يعد رأس المال أو الموارد الطبيعية هي المورد الاقتصادي الرئيسي، بل المعرفة هي الأساس في ذلك.

لقد مهدت مدرسة الإدارة بالمعرفة لظهور مصطلح منظمات التعلم Learning Organizations، أو Knowing Organizations. تلك المنظمات التي تهتم بالمعرفة والمعلومات عند ممارسة وظائف وعمليات الإدارة. كذلك فإنها تؤمن بأهمية التعلم Learning والتعليم Education و التدريب Training والتوجيه Coaching المستمرين لجميع العاملين.

وقد لاقى مفهوم منظمات التعلم قبولا منذ وقت قريب - منذ بداية التسعينات من القرن العشرين ـ وذلك في دراسات التنمية والإدارة التنظيمية من خلال عمل عدد من علماء الإدارة وعلى رأسهم كل من كريس آرجوس C. Arguris وبيتر سنج Peter Senge.

إن المنظمات القادرة على التعلم بسرعة هي فقط المؤهلة للتعايش مع حقبة التغيير السريع التي وجدنا أنفسنا فيها في نهاية القرن الماضي وبداية الألفية الجديدة.

ومن ضمن الاهتمامات الرئيسية لمنظمات التعلم الاهتمام بالتعلم التنظيمي Organizational Learning كوسيلة هامة لبناء وتنظيم المعرفة التنظيمية وتحسينها بهدف الاستفادة منها في تحقيق أهداف المنظمة وحل مشكلاتها والمحافظة على ثقافة المنظمة وذاكرتها..

ويهدف الكتاب الحالي «الإدارة بالمعرفة ومنظمات التعلم» إلى إلقاء الضوء على كل المفاهيم السابق الإشارة إليها، مع تحديد خصائصها وعناصرها وأهميتها.. بما يساهم في نشر ثقافة المعرفة التنظيمية وأهمية التعلم والتعليم والتدريب في تحسين ممارسة وظائف وعمليات الإدارة في منظماتنا العربية سواء الحكومية أو الخاصة أو الأهلية.

ويتكون الكتاب من عشرة فصول هي كالتالي:

الفصل الأول:	ماهية الإدارة.
الفصل الثاني:	أدوار ومهارات وأبعاد الإدارة.
الفصل الثالث:	الإدارة بالمعرفة.
الفصل الرابع:	منظمات التعلم.
الفصل الخامس:	المعلومات ونظم المعلومات.
الفصل السادس:	المعرفة.
الفصل السابع:	المعرفة التنظيمية.
الفصل الثامن:	التعلم.
الفصل التاسع:	التعلم التنظيمي.
الفصل العاشر:	التدريب.

إن كتاب «الإدارة بالمعرفة ومنظمات التعلم» له أسلوب فريد نسبيا؛ حيث يحاول جذب القارئ لتفقد ما به من معلومات وأمثلة عديدة.

لقد تم تصميم الكتاب ليمسك القارئ قلمه أثناء القراءة حتى يجيب على العديد من التمارين والاستقصاءات التي تتطلب منه المشاركة في الإجابة عليها أو حلها.

هذا ويمكن استخدام الكتاب لأغراض عديدة مثل:

1- التعلم الذاتي والدراسة الفردية: فلقد تم تصميم الكتاب ليمكنك من تعليم نفسك بنفسك.

2- البرامج التدريبية: يمكن استخدام الكتاب كملف تدريبي يتم توزيعه على المتدربين في برنامج تدريبي يدور حول موضوع الكتاب.

3- التدريب عن بعد: يمكن إرسال الكتاب إلى هؤلاء الذين لا يتمكنون من حضور البرامج التدريبية.

ولقد تمت الاستفادة في إعداد هذا الكتاب بأكثر من 83 مرجعا عربيا و40 مرجعا أجنبيا بما يتيح للقارئ مساحة أوسع من المعرفة حول موضوع الكتاب.

هذا وندعو الـلـه العلي القدير أن يستفيد من هذا الكتاب كل من اهتم بقراءته.

والمؤلف يشكر الـلـه سبحانه وتعالى على توفيقه له في إعداد هذا الكتاب المتواضع الذي بلا شك به بعض النواقص، فالكمال لله وحده.

وبالله التوفيق،،

المـؤلـف
أ.د. مدحت محمد أبو النصر
القاهرة: 2008

13

الفصل الأول

ماهيــة الإدارة

أشتمل هذا الفصل على:

📖 تعريف الإدارة.

📖 خصائص الإدارة.

📖 خصائص العملية الإدارية.

📖 مهمة الإدارة.

📖 وظائف الإدارة.

📖 مبادئ الإدارة.

📖 مستويات الإدارة.

📖 السلطة التنفيذية والسلطة الاستشارية.

📖 استقصاء: هل أنت مشرف ممتاز ؟

«إن العالم ليفسح الطريق لأي امرئ يعرف طريقه جيدا »

(ديفيد ستار جوردن)

تعريف الإدارة

الإدارة Management لغويا: من الفعل يدير Manage بمعنى يدبر ويوظف ويستخدم ويحرك ويقتصد ويوجه ويرشد ويسوس... وهذا هو معنى الإدارة، وكذلك هو إشارة إلى بعض أدوار المدير Manager، ومن أشهر تعريفات الإدارة نذكر:

1- تعريف فريدريك تايلور Fredric Taylor: الإدارة هي: أن تعرف بالضبط ماذا تريد، ثم تتأكد من أن الأفراد يؤدون ذلك بكفاءة وفعالية.

2- تعريف هنري فايول H. Fayol: الإدارة هي: عملية تنبؤ وتخطيط وتنظيم، ومن ثم القيام بالتوجيه والمراقبة.

هذا وهناك العديد من المدارس الفكرية والعلمية التي قدمت مفاهيم وتعريفات للإدارة. والملاحظ على هذه التعريفات، أنها تتفق مع بعضها في بعض الجوانب وتختلف كذلك في جوانب أخرى، وحتى يمكننا الإلمام بمعنى الإدارة فإننا سنقوم باستعراض بعض تعريفاتها الشائعة كالتالي:

1- الإدارة هي وظيفة تنفيذ الأشياء عن طريق الآخرين.

2- الإدارة علم وفن إدارة الموارد لتحقيق الأهداف المطلوبة.

3- الإدارة هي نوع من الجهد البشري المتعاون الذي يتميز بدرجة عالية من الرشد.

4- الإدارة هي توفير نوع من التعاون والتنسيق بين الجهود البشرية من أجل تحقيق هدف معين.

5- الإدارة هي فن الحصول على أقصى النتائج بأقل جهد؛ حتى يمكن تحقيق رواج وسعادة لكل من صاحب العمل والعاملين مع تقديم أفضل خدمة ممكنة للمجتمع.

6- الإدارة عملية اجتماعية مستمرة تعمل على الاستفادة المثلى من الموارد المتاحة والممكنة عن طريق التخطيط والتنظيم والقيادة الرقابة؛ للوصول إلى هدف محدد.

7- الإدارة عملية تحديد وتحقيق الأهداف من خلال ممارسة أربع وظائف إدارية أساسية هي: «التخطيط والتنظيم والتوجيه والرقابة».

8- الإدارة هي عملية صنع القرارات بصورة رشيدة؛ لإنجاز الأهداف المطلوبة الإطار الزمني الموضوع لها.

9- الإدارة هي عملية تحقيق المنظمة للأهداف المخطط لها؛ وذلك بأقل قدر ممكن من الموارد المتاحة، وفي الإطار الزمني المحدد لها.

10- الإدارة هي تخطيط وتنظيم وتوجيه ورقابة الموارد البشرية والموارد الأخرى بالمنظمة؛ لتحقيق أهدافها بكفاءة وفعالية.

11- الإدارة هي عملية ذهنية وسلوكية تسعى إلى الاستخدام الأمثل للموارد البشرية والمالية والمادية؛ لبلوغ أهداف المنظمة والعاملين بها بأقل تكلفة وأعلى جودة.

12- الإدارة هي إدارة الموارد البشرية بكفاءة وفعالية.

وفي ضوء التعريفات السابقة يمكن أن نعرف الإدارة بأنها: مهنة وعلم وفن وعملية لتحقيق التعاون والتنسيق بين الموارد البشرية والمالية والمادية - المتاحة والممكنة - لإنجاز الأهداف المخطط لها بصورة رشيدة.

الفرق بين Administration & Management

يرى البعض أن كلمة إدارة هي ترجمة لكلمة Management ويرى آخرون أنها مرادفة لكلمة Administration. وهناك محاولات كثيرة للتفريق بينهما. فهناك من يرى أن الكلمة الأخيرة تشير إلى مهام الإدارة في المستويات العليا لكل عمل المنظمة، بينما تعبر الكلمة الأولى عن مهام الإدارة في مستويات التنفيذ والعمل الجاري اليومي وهذا هو المفهوم الأمريكي التقليدي.

أما المفهوم البريطاني هو - بشكل عام - يرى العكس، وهناك ما يميز بين الكلمتين على أساس أن كلمة Administration تطلق على المجال الحكومي أو المنظمات التي لا يحركها دافع الربح، بينما تختص كلمة Management بمشاريع الأعمال.

خصائص الإدارة

في ضوء التعريفات السابقة يمكن تحديد بعض خصائص الإدارة كالتالي:

1- الإدارة مهنة:

الإدارة تعتبر من المهن القديمة، فقد مارس الإنسان الإدارة منذ بدء الخليقة. فالإنسان كائن اجتماعي اتصالي لا يستطيع أن يعيش بدون التواصل مع الآخرين وخاصة في مجال العمل.

هذا، ولقد توفرت للإدارة مقومات أي مهنة، مثل: القاعدة المعرفية، والأهداف المحددة، والمجتمع المهني، والميثاق الأخلاقي، والتنظيمات المهنية، والاعتراف المجتمعي.

2- الإدارة علم:

لم تعرف الإدارة كعلم ذي أصول وأسس ونظريات إلا خلال القرن العشرين؛ ولكن هذا لا يعني أنها وليدة هذا القرن.

وعلم الإدارة عبارة عن المعرفة المنظمة والمصنفة في شكل مجموعة من المبادئ الإدارية. هذا ولقد بدأ الحديث عن الإدارة كعلم مع بداية كتابات وأفكار فريدريك تايلور (Fredric Taylor). والإدارة علم؛ لكونها تسترشد بالمنهج العلمي وخطواته في أداء وظائفها وعملياتها الإدارية، كذلك الإدارة علم؛ لأنها تسترشد وتستفيد من أساسيات ونظريات العلوم الاجتماعية والإنسانية الأخرى، كما أن هناك العديد من النظريات التي تم استنباطها وتجربتها في مجال الإدارة.

18

3- الإدارة فن:

لأنها تعتمد على الإبداع والابتكار، وعلى كيفية استخدام الذكاء في المواقف المختلفة التي يواجهها المشرف أو الرئيس أو المدير؛ ولذلك نرى أساليب مختلفة للإدارة بالرغم من أن الوظيفة واحدة، أيضا الإدارة فن لكونها تتطلب لممارستها العديد من المهارات، سواء كانت فكرية أو إنسانية أو فنية؛ كذلك لأن الإدارة هي في الأصل إدارة الأفراد، وهذا يحتاج إلى دراسة وفهم هؤلاء الأفراد وتحديد الأساليب المناسبة للتعامل مع هؤلاء الأفراد والتأثير فيهم وتشجيعهم لأداء الأعمال المطلوبة منهم.

4- الإدارة عملية:

بمعنى أنها تتضمن تفاعلا متبادلا ومستمرا بين جميع أطراف العملية الإدارية، وبين المستويات الإدارية وبين الإدارات والأقسام داخل المنظمة، وبين المنظمات والبيئة الخارجية المحيطة بها، أي أن الإدارة نشاط حركي ديناميكي منظم تجاه تحقيق أهداف مخطط لها.

كذلك يطلق على الإدارة بأنها عملية اجتماعية؛ لأن أهدافها تتطلب عددا من الناس يشتركون في تحقيقها.

هذا، ولقد نشأت الإدارة عندما أصبح ضروريا تعاون جماعة من الافراد لأداء عمل معين.

5- الإدارة عملية مستمرة:

فطالما كان هناك مجتمع يعيش فيه أفراد لديهم احتياجات (متعددة ومتنوعة ومتجددة ونسبية ولا نهائية) فإن الإدارة ستستمر في نشاطها في هذا المجتمع.

6- الإدارة عملية هادفة:

ظهرت الإدارة في الأصل نظرا للحاجة إليها، ونظرا لأنها وسيلة فعالة لتحقيق بعض أهداف المجتمع، فالإدارة على سبيل المثال مسؤولة عن توفير التعاون والتنسيق

19

بين الموارد البشرية والمادية والمالية، سواء كانت متاحة أو ممكنة؛ لتحقيق الأهداف المخطط لها بصورة رشيدة.

7- **الإدارة مسؤولة عن تحقيق الأهداف بصورة رشيدة:**

بمعنى أن الإدارة مسؤولة عن تحقيق أهداف المنظمة بكفاءة وفعالية. وببساطة يُقصد بالكفاءة Efficiency الاستفادة المثلى من الموارد والترشيد في استخدامها، بينما يُقصد بالفعالية Effectiveness تحقيق الأهداف بأفضل مستوى ممكن. بمعنى أن الإدارة الرشيدة هي التي تحقق الأهداف بأقل جهد ووقت وتكاليف.

8- **الإدارة والموارد:**

تحتاج الإدارة إلى الموارد لتحقيق الأهداف، ويعرف ماكس سيبرون Max Sipron المورد بأنه: «أي شيء له قيمة، ويمكن استخدامه، وهو إما أن يكون متاحا أو غير متاح، ويتطلب بعض الجهد لجعله متاحا، ويستطيع الإنسان أن يستفيد منه ويجعله أداة يمكن استخدامها لتأدية وظيفة أو لإشباع حاجة أو لحل مشكلة».

هذا وهناك تصنيفات عديدة لأنواع الموارد نذكر منها: الموارد البشرية والمالية والمادية والتنظيمية، الموارد المتاحة والممكنة، الموارد الداخلية والخارجية، الموارد المعنوية، مثل: (الأفكار والطرق والأساليب والمعلومات)؛ والمادية، مثل: (الأموال والمعدات والآلات). ومن مهام الإدارة توفير الموارد وحسن استخدامها وعدم الإسراف فيها وتحقيق التعاون والتنسيق فيما بينها.

خصائص العملية الإدارية

تتسم العملية الإدارية بعدة خصائص تميزها عن غيرها من العمليات الأخرى. ويوضح عبد الرحمن توفيق أهم هذه الخصائص كالتالي:

1- **الرسمية:** فهي تتم في إطار قانوني محدد ومعروف ومعلن وهو التنظيم الرسمي.

2- **الاستمرارية:** فالمديرون يقومون بوظائفهم الإدارية بشكل مستمر طالما بقيت المنظمة على قيد الحياة.

3- **التسلسل**: تندرج العملية الإدارية بين عدة مستويات إدارية: العليا، الوسطى، المباشرة (الإشرافية).

4- **التوازن:** توزيع الجهد الإداري بين الأنشطة المختلفة بما يتفق مع أهميتها النسبية، وتحقيق التوازن بين وظائف العملية الإدارية نفسها.

5- **الوضوح:** في تحديد الأهداف والخطط والسياسات والسلطات والمسئوليات. المعايير الرقابية.. إلخ.

6- **الشمول**: لكل وظائف المنظمة فما من وظيفة أو نشاط يؤدي في المنظمة إلا وتجد العملية الإدارية بكل وظائفها سابقة له ومتزامنة معه ولاحقة عليه.

7- **التداخل:** تتميز العملية الإدارية بالتفاعل والتداخل بين وظائفها إلى حد كبير.

8- **العدالة:** يجب أن تتسم العملية الإدارية والقائمون عليها من مديرين بالعدالة وإلا ستصبح مجرد قوة قهرية تعتمد على سلطاتها الرسمية وليس على قبول العاملين بها.

مهمة الإدارة

إن تحقيق التنمية المنشودة في المجتمع يتوقف على وجود المنظمات القادرة على تحقيق أهدافها والوفاء بمتطلباتها؛ لذا كان الاهتمام المتعاظم بدور الإدارة باعتبار أنها أداة النمو والتقدم.

ولقد سارعت مختلف المجتمعات إلى الاهتمام بالعنصر البشري وإعداد الكوادر الفنية والإدارية اللازمة؛ لقيادة العمل بمنظمات المجتمع المختلفة باختلاف تخصصاتها وتبعيتها.

فالإدارة مسؤولية وتكليف، فهي مسؤولية من منطلق أنها مسؤولة عن تحقيق الأهداف

التي وجدت من أجلها المنظمات في المجتمع، وهي تكليف من المجتمع باستخدام موارده بمختلف أنواعها لتحقيق نتائج معينة تتمثل في تقديم السلع والخدمات التي يحتاجها المجتمع وبالأسعار المناسبة وبالجودة المطلوبة.

وتعتبر الإدارة دعامة رئيسية تعتمد عليها الأنشطة الاقتصادية والاجتماعية والتعليمية والعسكرية، سواء كانت حكومية أو خاصة أو أهلية؛ لأنها تضع النظام السليم لاستثمار الموارد النادرة لإشباع أكبر قدر ممكن من الحاجات لدى الفرد والجماعة والمجتمع.

بمعنى أن الإدارة كمهنة مسؤولة عن تحقيق أهداف المنظمات في المجتمع بكفاءة وفعالية.

إن أي هدف صغيرا كان أو كبيرا لا يمكن تحقيقه إلا إذا أعلنا العزم على تحقيقه، ثم عرفنا كيف نحققه، وكيف نصل إليه، وهذه هي مهمة الإدارة، فعلى سبيل المثال فإن الإدارة مسؤولة عن صنع القرارات الرشيدة لإنجاز الأعمال والمهام المطلوبة، وحل المشكلات التي تواجه المنظمة والمجتمع بطريقة علمية وموضوعية وعادلة.

ويشرح عبد الرحمن توفيق مهمة الإدارة من خلال النقاط التالية:

1- الإدارة هي لغة الحياة التي يتمكن بها الإنسان من تحقيق أحلامه لأنها تنظم أدوات الإنسان وموارده وتمكنه من حسن استخدامها وسلامة توجهها بالمسارات الإدارية والاقتصادية السليمة.. لا يقتصر دورها فقط على إدارة الموارد بل يتعداه إلى تنظيم أساليب التفكير والتدبير، ويمتد كذلك إلى أساليب وطرق القياس، وتقييم الأداء الإنساني وكذلك تقييم أداء المشروعات اقتصاديا وماليا.

2- أن حياة الشعوب زاخرة بالمواقف التي لعبت فيها الإدارة دورا حيويا في إدارة المشروعات وازدهار المجتمعات وإدارة المواقف الصعبة فيها ومن بين أهم الأمثلة:

- كيف استطاعت ألمانيا واليابان تحقيق هذه المعدلات الصناعية رغم التدمير الكامل بكل ما فيها خلال الحرب العالمية الثانية.

- كيف تمكنت بعض دول شرق آسيا من منافسة الدول الصناعية الكبرى.
- كيف تمكن الجندي المصري من عبور خط بارليف في حرب 6 أكتوبر متجاوزا كل الحسابات العلمية: السدود والخزانات والتطور العلمي والعملي الباهر في كافة العلوم وكيف يتح تحقيقه؟

3- إن الإدارة هي خلاصة التجربة الإنسانية في تحقيق الممكن والمستحيل؛ لأنها العلم الذي استفاد من كل العلوم ولخص كل التجارب الإنسانية. وحولها إلى دروس مستفادة يمكن نقلها من جيل لآخر. إنها باختصار علم بناء الحضارات وحمايتها من الاندثار. وهي كذلك علم التدمير والهلاك والقضاء على البشرية وقهر الشعوب؛ لذا يبقى السؤال دائما هو كيف نحسن استخدام الإدارة كعلم؟ وكوسيلة لتحقيق أهداف الشعوب؟

وظائف الإدارة

اختلف العلماء والباحثون في الاتفاق على تعريف واحد للإدارة، كذلك فإنهم لم يتفقوا على تحديد واضح لوظائفهم الإدارة (Management Functions)، فمنهم من يرى أن وظائف الإدارة تتمثل في:

1- صنع القرار.
2- التخطيط.
3- القيادة.
4- الرقابة.

ومنهم من يحدِّد وظائف الإدارة في:

1- التخطيط.
2- التنظيم.
3- توظيف الطاقات البشرية.

4-   التدريب.

5-   التمويل.

ورأي ثالث يعرض وظائف الإدارة في:

1-   صنع القرارات.

2-   التخطيط.

3-   التنظيم.

4-   التوجيه.

5-   الرقابة.

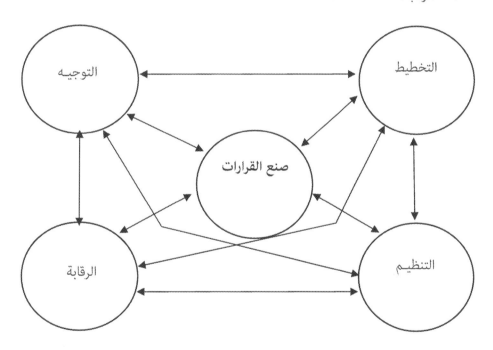

شكل رقم (1)

وظائف الإدارة

ويمكن شرح هذه الوظائف باختصار كما يلي:

1- صنع القرارات Decision Making:

وظيفة صنع القرارات هي جوهر عملية الإدارة، وتتضمن هذه الوظيفة سلسلة من الخطوات القائمة على أساس بعض المعايير والتي تهدف إلى الاختيار الواعي بتحديد البديل الأنسب من بين البدائل المتاحة لمواجهة موقف محدد.

ويقصد بالقرار الاختيار من بين عدة بدائل مطروحة بقصد تحقيق هدف معين. ولاختيار القرار المناسب من بين البدائل المطروحة، فإنه يمكن الاعتماد على العديد من المعايير في عملية تقييم البدائل نذكر منها:

- التكلفة.
- العائد.
- الزمن.
- الجودة.
- السلامة.
- القبول.
- البيئة.

والإجابة عن الأسئلة التالية يمكن أن تساعد في اختيار البديل المناسب (اتخاذ القرار):

1- هل البديل الذي وقع عليه الاختيار سوف يؤدي إلى مواجهة المشكلة؟

2- هل هذا البديل مقبول بالنسبة لكل أطراف المشكلة؟

3- هل هذا البديل يمكن وضعه في شكل خطة عمل تفصيلية؟

4- هل الوقت يسمح باستخدام هذا البديل ؟

5- هل تسمح الموارد البشرية والمالية والمادية بتطبيق هذا البديل؟

6- هل يضمن هذا البديل عدم ظهور المشكلة في المستقبل؟

ونجاح المدير يعتمد بدرجة كبيرة على سلامة ما يتخذه من قرارات ودرجة قبولها سواء داخل المنظمة أو خارجها.

ومن الملاحظ أن اتخاذ القرارات كنشاط يغطي كافة مجالات العمل داخل أي منظمة ويتم على كافة المستويات؛ مما يدعو إلى القول في النهاية أن الإدارة هي سلسلة من القرارات الرشيدة المتزامنة والمتعاقبة.

وتجدر الإشارة إلى أن أهمية القرار في أي منظمة تزداد ونطاق شموله يتسع كلما ارتفع مستوى السلطة الإدارية التي تتخذ القرار داخل الهيكل التنظيمي للمنظمة.

ومن الأهمية بمكان أن نفرق بين من يتخذ القرار، وبين من يسهم في اتخاذ القرار، فمتخذ القرار يجب أن يملك السلطة الإدارية التي تعطيه الحق في اتخاذ القرارات في حدود معينة، بيد أن ذلك لا يعني أن ينفرد متخذ القرار في جميع الأحوال باتخاذ القرار، بل إن هناك الكثيرين في المنظمة من الممكن أن يساعدوه على اتخاذ القرار المناسب.

ويوضح الشكل التالي رقم (2) مدى الحرية المتاحة للمرؤوسين في عملية صنع القرارات، ومدى استخدام المدير لسلطاته وصلاحياته، والذي قدمه كل من تانيبناوم Robert Tannenbaum و شميدتWarren Schmidt في مقالة لهما عن «كيف تختار النمط القيادي؟» والمنشورة عام 7319م.

2- **التخطيط** Planning:

التخطيط هو عملية عقلية للموائمة بين الموارد والاحتياجات، واختيار أفضل مسار للفعل من بين مسارات بديلة، ووضع ذلك في شكل خطة وميزانية لتحقيق أهداف محددة في المستقبل.

بمعنى أن التخطيط مرحلة التفكير التي تسبق تنفيذ أي عمل والتي تنتهي بإعداد خطة عمل. كذلك يمكن تعريف التخطيط بأنه عملية التنبؤ بالمستقبل والاستعداد له.

ومن عناصر التخطيط السليم نذكر:

أ- الاعتماد على معلومات كافية وحديثة ودقيقة.

ب- تحديد ووضوح الأهداف.

ج- الاستخدام الرشيد للموارد المتاحة والممكنة.

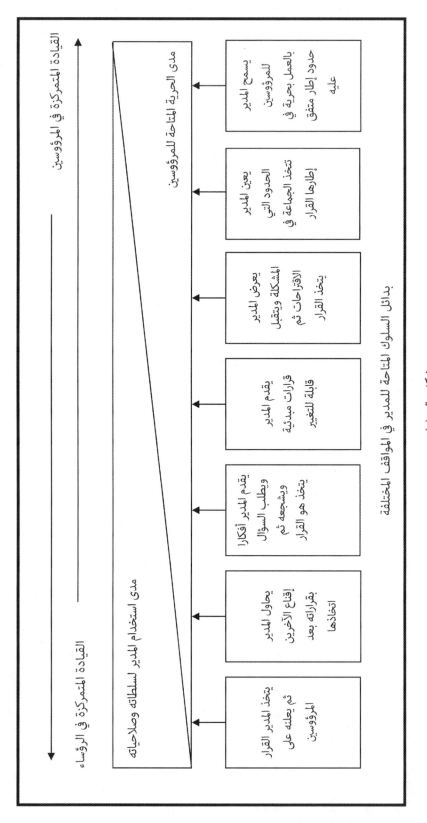

شكل رقم (2)
متصل السلوك القيادي

27

ويشتمل التخطيط على مجموعة من المراحل مثل:

وضع الأهداف والمعايير، ورسم السياسات والإجراءات والتنبؤات، وإعداد الميزانيات، ووضع برامج ومشروعات العمل والجداول الزمنية لها.

وتعتبر الخطط التنظيمية بمثابة الإطار الذي يحفز ويحقق التكامل بين الأنشطة الفردية المختلفة داخل المؤسسة، وتحدد الخطط ما يجب أن تؤديه المؤسسة، وأين ومتى وكيف ومن الذي يقوم بالأداء ويخطط المدير عادة لعدة أسباب:

أ - تحديد اتجاه عام لمستقبل المؤسسة؛ ومن ثم تحديد أهداف وتوجهات المؤسسة، مثل: زيادة الأرباح أو توسيع حصتها في السوق، كذلك مسؤوليتها الاجتماعية.

ب - ربط موارد المؤسسة بإنجاز هذه الأهداف، وضمان توفير تلك الموارد لإنجاز الأهداف.

ج - تقرير الأنشطة الضرورية لإنجاز الأهداف.

د - اتخاذ قرار بشأن المهام الواجب أداؤها للوصول إلى تلك الأهداف.

3- التنظيم Organizing:

يتطلب وضع الخطط السابقة موضع التنفيذ ضرورة تحديد الاختصاصات المختلفة المطلوبة لها، ثم توزيعها على الأفراد والجماعات المختلفة داخل المنظمة بطريقة منظمة تحقق تعاونهم معا من أجل تحقيق الأهداف المشتركة بينهم.

إن جوهر وظيفة التنظيم يقوم على أساس تجميع المدخلات البشرية والاقتصادية في وحدات تنظيمية مختلفة، ثم تحديد العلاقات بين هذه الوحدات بما يحقق التكامل والتنسيق بينها من أجل تحقيق الأهداف المطلوبة بكفاءة وفعالية.

باختصار فإن وظيفة التنظيم تشمل: وضع الهيكل التنظيمي المناسب، وتهيئة وتطوير بنية الوظائف الإدارية المتداخلة بناء على متطلبات التخطيط، وتوزيع المسؤولية

المخطط لها على الأشخاص الذين يشغلون هذه الوظائف، وتحديد العلاقات التنظيمية بين مختلف المناصب.

4- التوجيه Directing:

وظيفة التوجيه تشمل مجموعة من الوظائف الفرعية هي: القيادة والإشراف والاتصال والتحفيز، ويمكن شرح ذلك باختصار كالتالي:

إن الموارد البشرية كي تتصرف طبقا للأهداف والخطط والسياسات والإجراءات السابق تحديدها لابد من الاتصال معها، وتوفير القيادة والإشراف لها، وتقديم التحفيز المناسب لها.

ولا تقتصر هذه الوظيفة على إصدار الأوامر والتعليمات فقط من خلال الوحدات التنظيمية؛ ولكن تهتم أيضا بإشراك العاملين في صنع القرارات وبقبول هذه الأوامر والتعليمات وتنفيذها من قبل العاملين.

ويحتاج جميع العاملين وعلى مختلف المستويات قدرا من التحفيز لتشجيعهم على العمل وجودته بما يحقق زيادة الإنتاجية.

5- الرقابة Controlling:

تتم وظيفة الرقابة من خلال وسائل الضبط، وذلك حتى نتأكد من أن كل شيء في المنظمة يسير وفق السياسات والخطط والميزانيات الموضوعة، والهدف من الرقابة هو رصد الأخطاء والقيام بتصحيحها والعمل على تجنبها مستقبلا.

بمعنى أن وظيفة الرقابة تهدف إلى التأكد من أن الأداء الفعلي يتم طبقا للأهداف والخطط والسياسات التي سبق وضعها (عن طريق وظيفة التخطيط) ومن خلال الهيكل التنظيمي الموضوع (وظيفة التنظيم)، ثم تحفيز وتشجيع العاملين على تنفيذها (عن طريق وظيفة التوجيه).

والرقابة كوظيفة إدارية تزود الإدارة بالمعلومات عن الأداء الفعلي حتى يمكن

مقارنتها بالمعايير التي سبق تحديدها، فإذا كانت هناك اختلافات غير مرغوب فيها بين الأداء الفعلي والأداء المخطط، فإنه يمكن اتخاذ الإجراءات التصحيحية والتي قد تأخذ أشكالا متعددة باختلاف الظروف السائدة.

مبادئ الإدارة

المبادئ (Principles) هي حقائق أساسية لها صفة العمومية، وهي كذلك خطوط إرشادية وقواعد موجهة لكل من الممارسة والقرارات والأفعال.

فالمبادئ هي: مجموعة القواعد والمستويات التي تحدد ما هو صحيح وما هو خطأ، بمعنى أنها مجموعة الأحكام أو التعليمات التي تستعمل كموجهات للسلوك وللعمل.

ويمكن التوصل إلى المبادئ إما عن طريق الدروس المستفادة من الخبرات المكتسبة أو عن طريق نتائج البحث العلمي أو الاثنين معا.

وقد وضع هنري فايول H. Fayol (14) مبدأ من مبادئ الإدارة هي كالتالي:

1- مبدأ تقسيم العمل: حيث تزداد كفاءة الأفراد كلما تخصصوا في أداء عمل كما هو الحال على خط الإنتاج.

2- مبدأ السلطة والمسؤولية: ويشير هذا المبدأ إلى أن المسؤولية هي نتيجة لتخويل السلطة، ومترتبة عليها ومن الأهمية بمكان وجود تعادل بين العنصرين.

3- مبدأ الانضباط أو ضبط السلوك والتأديب: ويشير هذا المبدأ إلى أهمية إطاعة الأوامر واحترام أنظمة العمل وتطبيق نظام التأديب.

4- مبدأ وحدة القيادة: ويشير هذا المبدأ إلى ضرورة أن يتلقى المرؤوس التعليمات والأوامر من رئيس واحد.

5- مبدأ وحدة التوجيه: ويشير هذا المبدأ إلى أن كل مجموعة من الجهود أو الأنشطة يكون لها هدف واحد، كما يجب أن يكون لها رئاسة واحدة توجهها وتحدد إطار عملها.

6- مبدأ أولوية المصلحة العامة: ويشير هذا المبدأ إلى ضرورة إعطاء الأولوية للمصلحة العامة على المصلحة الفردية.

7- مبدأ المكافأة العادلة: ويشير هذا المبدأ إلى أن أنظمة المكافآت والتعويضات العادلة توفر قدرا كبيرا من الرضاء لكل من العامل وصاحب العمل.

8- مبدأ تدرج السلطة: ويشير هذا المبدأ إلى ضرورة الالتزام بخطوط السلطة من أعلى مرتبة إلى أدنى مرتبة، ويقرر هذا المبدأ عدم تخطي الرئيس المباشر في الاتصالات.

9- مبدأ المركزية: ويشير هذا المبدأ إلى أن الظروف والمواقف القائمة هي التي تحدد درجة مركزية السلطة.

10- مبدأ النظام أو الترتيب: ويشير هذا المبدأ إلى ضرورة وضع كل شخص أو كل شيء في مكانه المناسب.

11- مبدأ المساواة: ويشير هذا المبدأ إلى أهمية معاملة الإدارة لأفراد القوى العاملة بعدالة ومساواة، فذلك يرفع من معنوياتهم.

12- مبدأ استقرار العاملين: ويشير هذا المبدأ إلى أهمية استقرار أفراد القوى العاملية في وظائفهم وأعمالهم بدرجة معقولة، فدوران العمل السريع يكلف المشروع كثيرا.

13- مبدأ توفير روح المبادأة والابتكار: ويعبِّر هذا المبدأ عن أهمية التفكير والتأمل عند وضع الخطة وتنفيذها وعلى رجال الإدارة أن يشركوا مرؤوسيهم في اتخاذ القرارات.

14- مبدأ روح الفريق: ويشير هذا المبدأ إلى أهمية تنمية الإدارة لروح الفريق والتعاون بين العاملين.

وقد أضفى فايول H. Fayol على مبادئ الإدارة طابع العمومية في التطبيق حيث هي مبادئ تطبق بصفة عامة أيا كان نشاط المنظمات (صناعية أو زراعية أو تجارية أو حكومية أو غيرها)، وعلى أن يتم هذا التطبيق للمبادئ الإدارية في ضوء الظروف الخاصة والمتغيرة لهذه المنظمات.

مستويات الإدارة

يمكن تحديد ثلاثة مستويات للإدارة هي كما يلي:

1- الإدارة العليا (Top Management)

وهي المسؤولة على سبيل المثال عن:

وضع وترتيب الأهداف العامة للمنظمة.

- السياسة العامة للمنظمة.

- تدبير الموارد للمنظمة.

- التخطيط الاستراتيجي (طويل المدى).

- ربط المنظمة بالبيئة المحيطة.

- صنع القرارات الرئيسية الحاكمة.

- إدارة الأزمات الكبيرة.

- الإشراف على الإدارة الوسطى.

2- الإدارة الوسطى Middle Management

وهي المسؤولة على سبيل المثال عن:

- تلقي الاستراتيجيات والسياسات العريضة من الإدارة العليا، ثم تقوم بترجمتها في شكل أهداف وبرامج محددة يمكن تنفيذها.

- الربط بين المستويات الإدارية المختلفة في المنظمة.

- تحقيق التنسيق والتعاون بين إدارات وفروع المنظمة.

- التخطيط متوسط المدى.

- إدارة الأزمات المتوسطة.

- الإشراف على الإدارة الإشرافية.

شكل رقم (3)

مستويات الإدارة

3- **الإدارة الإشرافية** Supervisory Management

الإدارة الإشرافية أو الإدارة المباشرة هي المسؤولة على سبيل المثال عن:

● الإشراف والرقابة على عمليات التنفيذ أي عن الإنتاج الفعلي للسلع والخدمات.

● المتابعة والتقييم للمشروعات والبرامج والعاملين.

● تحقيق التنسيق والتعاون داخل كل مشروع أو برنامج.

● التخطيط قصير المدى.

● إدارة الأزمات البسيطة أو الصغيرة.

السلطة التنفيذية والسلطة الاستشارية Line Versus Staff Authority

تعرف السلطة Authority بأنها الحق في اتخاذ القرارات من أجل توجيه أعمال الآخرين من خلال إصدار الأوامر والتعليمات، وفي مجال الإدارة عادة ما نفرق بين السلطة التنفيذية والسلطة الاستشارية.

فالمديرون التنفيذيون Line Manager هم الأفراد الذين لديهم سلطة توجيه أعمال

33

مرؤوسيهم، وعادة ما يكونون رؤساء، هذا بالإضافة إلى أنهم مسؤولين عن تحقيق الأهداف الرئيسية للمنظمة، ومن أمثلة المديرين التنفيذيين: مديرو الفنادق، ومديرو الإنتاج والمبيعات.

أما المديرون الاستشاريون Staff Managers فهم الأفراد الذين لديهم سلطة تقديم النصح والمشورة للمديرين التنفيذيين لمعاونتهم في تحقيق الأهداف الرئيسية للمنظمة، وبصفة عامة نجد أن مديري الموارد البشرية هم مديرون استشاريون فهم مسؤولون عن تقديم المساعدة وإسداء النصح والمشورة للمديرين التنفيذيين في شؤون الاستقطاب والتعيين والأجور والمكافآت.

استقصاء: هل أنت مشرف ممتاز ؟

الإشراف عبارة عن الجهود التي يبذلها المشرف أو رئيس العمل لمساعدة المرؤوسين على التغلب على ما يواجههم من مشكلات أثناء العمل، وعلى أداء وظائفهم على نحو أفضل.

وكما يفعل مدرب كرة القدم، فإن المشرف أو رئيس العمل يراقب أعضاء فريقه، ويعرفهم جيدا، ويساعدهم على مساعدة أنفسهم، ويجعلهم يوظفون أفضل ما لديهم من إمكانات.

فعلى سبيل المثال، فإنه يمكن التغلب على نقاط الضعف في الأداء عن طريق الإشراف والتوجيه الذي يقوم به المشرف أثناء العمل.

كذلك يمكن حل معظم المشكلات الكبيرة مع المرؤوسين بالتوجيه السليم، كما يمكن القضاء على المشكلات الصغيرة قبل أن تستفحل. فيمكن أثناء الإشراف علاج مشكلات كالإهمال والتراخي في التنفيذ وكثرة الغياب والعناد وغيرها، وذلك بالتوجيه لا بالتأنيب.

والغرض من هذا الاستقصاء هو مساعدتك على تحديد ما لديك من نقاط قوة أو ضعف كمشرف أو موجه.

الاستقصاء

1- ما مدى قدرتك على مناقشة مرؤوسيك في نواحي الأداء التي يجب عليهم تطويرها وتحسينها ؟

☐ قدرة كبيرة   ☐ قدرة متوسطة   ☐ قدرة ضعيفة

2- ما مدى قدرتك على تشجيع مرؤوسيك على التحدث معك حول مشكلات العمل، عندما يترددون أو يرغبون في مناقشتها؟

☐ قدرة كبيرة   ☐ قدرة متوسطة   ☐ قدرة ضعيفة

3- ما مدى قدرتك في مساعدة مرؤوسيك على تحديد أسباب المشكلات التي تواجههم في العمل ؟

☐ قدرة كبيرة   ☐ قدرة متوسطة   ☐ قدرة ضعيفة

4- ما مدى قدرتك في مساعدة مرؤوسيك على حل المشكلات التي تواجههم في العمل؟

☐ قدرة كبيرة   ☐ قدرة متوسطة   ☐ قدرة ضعيفة

5- ما مدى قدراتك في مساعدة مرؤوسيك على اتخاذ القرارات ؟

☐ قدرة كبيرة   ☐ قدرة متوسطة   ☐ قدرة ضعيفة

6- ما مدى قدراتك في أن تصبح حازما عندما يستدعي الموقف ذلك ؟

☐ قدرة كبيرة   ☐ قدرة متوسطة   ☐ قدرة ضعيفة

7- ما مدى قدرتك في إقناع مرؤوسيك بدون اللجوء إلى التهديد الصريح أو الضمني؟

☐ قدرة كبيرة   ☐ قدرة متوسطة   ☐ قدرة ضعيفة

8- ما مدى قدرتك على مساعدة مرؤوسيك الذين يعانون من مشكلات خاصة كالإدمان أو مشكلات عائلية أو التوتر ؟

☐ قدرة كبيرة   ☐ قدرة متوسطة   ☐ قدرة ضعيفة

9- ما مدى قدرتك على مساعدة مرؤوسيك على إنجاز أهداف العمل وفق الجدول الزمني المحدد ؟

☐ قدرة كبيرة   ☐ قدرة متوسطة   ☐ قدرة ضعيفة

10- ما مدى قدرتك على عدم جعل روتين العمل اليومي يشغلك عن تدريب وتوجيه مرؤوسيك ؟

قدرة كبيرة ☐   قدرة متوسطة ☐   قدرة ضعيفة ☐

11- ما مدى قدرتك على اتخاذ القرارات بدون التحيز القائم على أساس السن أو الجنس أو اللون أو الأصل أو الدين أو العلاقة الشخصية ؟

قدرة كبيرة ☐   قدرة متوسطة ☐   قدرة ضعيفة ☐

التعليمات

1- أعط لنفسك 3 درجات في حالة الإجابة قدرة كبيرة، ودرجتان في حالة الإجابة قدرة متوسطة، ودرجة واحدة في حالة الإجابة قدرة ضعيفة.

2- أجمع درجاتك عن جميع الأسئلة.

تفسير النتائج

أ - في حالة الحصول على 23 درجة فأكثر فأنت مشرف ممتاز. أنت تفهم المعنى السليم للإشراف وتطبقه في العمل. سوف تنجح في إدارة مرؤوسيك، وتحقيق الأهداف المطلوبة منكم.

ب- أما إذا حصلت على 1222- درجة فأنت مشرف جيد. أحيانا تطبق المعنى السليم للإشراف وتقدم التوجيه والمساعدة لمرؤوسيك. وأحيانا أخرى تنسى ذلك. وتمارس الإشراف كنوع من السلطة والرقابة وتصيد الأخطاء. حاول أن تتغلب على نفسك في حبها للسلطة.

ج- وإذا حصلت على 11 درجة فأقل فأنت ذو قدرة إشرافية ضعيفة. يجب عليك أن تعرف أن الإشراف الفعال هو توجيه المرؤوسين وتدريبهم وتنمية مهاراتهم وقدراتهم لأداء العمل بشكل أفضل.

ننصحك بأن تشترك في أكثر من برنامج تدريبي عن الإشراف والتوجيه وفن قيادة الآخرين.

الفصل الثاني

أدوار ومهارات وأبعاد الإدارة

أشتمل هذا الفصل على:

- من هو المدير ؟
- أدوار المدير.
- مهارات الإدارة.
- أبعاد الإدارة.
- أنواع الإدارة.
- المتغيرات العالمية والإقليمية والمحلية.
- تحديات الإدارة في بيئة عالمية.
- مقومات المدير الناجح.
- استقصاء : هل أنت إداري جيد؟
- استقصاء : هل أنت مدير متميز ؟

من هو المدير ؟

يشير مصطلح المدير Manager إلى الشخص الذي يدير الأفراد والموارد في إحدى الأقسام أو الإدارات أو الفروع أو المواقع... أو حتى الذي يدير المنظمة ككل.

بمعنى أن المدير هو الشخص الذي يمارس مهنة الإدارة ووظائفها (صنع القرارات والتخطيط والتنظيم والتوجيه والرقابة)، وذلك لتحقيق الأهداف الخاصة بالقسم أو الإدارة أو الفرع أو الموقع أو المنظمة ككل.

ويعتبر المديرون الثروة الرئيسية لأي مشروع أو لأي منظمة. ويقول بيتر دراكر أن المديرين هم أغلى مورد، وتتناقص قيمتهم أسرع من أي شيء آخر، ويحتاجون إلى تطوير وتغيير مستمر. وقد يستغرق بناء مجموعة من المديرين عدة سنوات، ولكنها قد تستنزف في فترة قصيرة من إساءة الحكم.

ويمثل المديرون جزءا صغيرا من العاملين في المنظمة. فمعظم العاملين يؤدن أعمالا تنفيذية غير إدارية، والفرق بين المدراء وباقي العاملين هو أنه يتم تقييم المدراء على أساس درجة كفاءتهم وفعاليتهم في إدارة الأفراد والموارد بما يحقق الأهداف المخططة للمنظمة بصورة رشيدة.

وجميع المدراء يواجهون تحديات عديدة وعليهم إيجاد طرق أكثر كفاءة وفعالية لتحفيز العاملين من أجل زيادة إنتاجية وربحية المنظمة.

هذا وهناك عديد من التسميات التي تطلق على المدير في الحياة العملية وذلك حسب المستوى الإداري الذي يعمل به، فيطلق عليه رئيس المنظمة، ومدير قطاع، ومدير عام، ونائب مدير عام، ومدير عام مساعد، وذلك على مستوى الإدارة العليا. ويطلق عليه مدير ونائب مدير ومدير مساعد، وذلك على مستوى الإدارة الوسطى. ويطلق عليه رئيس، ونائب رئيس، ورئيس مساعد، ومشرف، وذلك على مستوى الإدارة الإشرافية.

أدوار المدير

الدور Role هو: مجموعة الأنشطة والسلوكيات التي يتوقعها الآخرون من الفرد كممارس لهذا الدور ولكل فرد منا مجموعة من الأدوار في الحياة والعمل، منها: دوره كابن وزوج وأب... ودوره كموظف أو زميل أو رئيس أو مدير... ويوضح أحمد سيد مصطفى أن دور الفرد في العمل ينبع من طبيعة وظيفته أو مركزه التنظيمي، ويرتبط بمفهوم الدور مصطلحات إدارية مهمة، يمكن تحديدها كالتالي:

1- الأداء Performance

يقصد بالأداء المهني: القيام بالشيء أو تأدية عمل محدد، أو إنجاز مهمة أو نشاط معين.

2- الأداء المهني Professional Performance

يقصد بالأداء المهني: القيام بأعباء الوظيفة التي يقوم بها الشخص من مسؤوليات وواجبات، وفقا للمعدل المفروض أداؤه من العامل الكفء المدرب، هذا ويمكن معرفة هذا المعدل عن طريق تحليل الأداء.

3- تحليل الأداء Performance Analysis

يقصد بتحليل الأداء: دراسة كمية العمل والوقت الذي يستغرقه، وإنشاء علاقة عادلة بينهما.

4- معدل الأداء Rate Performance

يقصد بمعدل الأداء: كمية العمل التي ينجزها فرد واحد أو مجموعة من الأفراد خلال زمن معين، تحت الظروف الطبيعية للعمل، أو مقدار الزمن اللازم لإنجاز كمية العمل.

ويؤدي المديرون الوظائف الإدارية الرئيسية الخمس عن طريق وأثناء قيامهم بمجموعة متنوعة من الأدوار الإدارية Managerial Roles.

وتشير معظم كتب الإدارة إلى أن المديرين عليهم تغيير أدوارهم التقليدية والانتقال إلى ممارسة أدوارهم الحديثة والمعاصرة، فعلى سبيل المثال عليهم الانتقال من دور الإدارة Manage إلى دور القيادة Lead، ومن دور التحكم والضبط Control إلى دور التأثر Influence، ومن دور معطي التعليمات Instruct others، إلى الدور الميسر أو المسهل Facilitator، ومن دور تجنب المخاطر Risk Avoidance إلى دور إدارة المخاطر Management Risk، ومن العمل الفردي Individual إلى العمل الفريقي Team Work، ومن دور مالك المعلومات Information Shared، ومن دور المفوض Delegate إلى دور مانح القوة وتمكين المرؤوسين Empower.

هذا وهناك محاولات عديدة لتصنيف الأدوار المطلوبة من المدير، نذكر منها:

- المدير القائد، المدير مركز المعلومات، المدير حلال المشكلات، المدير مخصص الموارد، المدير المبدع الأول.

- المدير يعمل مع ومن خلال الآخرين، المدير يتحمل المسؤولية ويحاسب، المدير يحقق التوازن ويضع الأولويات، المدير يتخذ القرارات، المدير المفكر، المدير سياسي.

- المدير الزعيم (المثال والنموذج والوالد).

- المدير القائد (يوجه ويحفز ويحرك).

- المدير المراقب (يتابع ويحاور ويرشد ويصحح).

- المدير ضابط الاتصال (مركز وحلقة الوصل).

- المدير رجل الأعمال (يبحث عن فرص الاستثمار).

- المدير حلال المشكلات والأزمات (مبادر ومخطط).

- المدير موزع معلومات (يصمم ويدير نظام المعلومات).

- المدير مخصص موارد (يجيد الاستثمار).

وهناك من يحدد الأدوار الرئيسية للمدير في:

1- دور إداري يتمثل في المساهمة في العملية الإدارية كالتخطيط والتنظيم والتوجيه والرقابة.

2- دور يمثل فيه المنظمة في مواقف معينة سواء أمام العاملين أو أمام الغير.

3- تكوين علاقات أفقية بقصد التنسيق مع نظرائه في المنظمة أو خارجها.

4- دور إعلامي كمتابع ومتلق وناشرا أو ناقل للمعلومات بل ومتحدث رسمي.

5- دوره في عملية اتخاذ القرارات في مجالات متعددة.

6- دوره في مواجهة وعلاج المشكلات وحل الخلافات داخليا وخارجيا.

7- دوره في ترشيد واستخدام الموارد البشرية والمالية.

8- دوره في التنمية والتطوير.

هذا ويمكن تحديد ثلاثة أنواع رئيسية لأدوار المديرين كالتالي:

أولا: أدوار مرتبطة بصنع القرارات Decisional Roles

ومن هذه الأدوار نذكر:

1- صانع القرارات.

2- متخذ القرارات.

3- المفاوض.

4- مخصص وموزع الموارد.

5- معالج الصراعات والاضطرابات.

ثانيا: أدوار متعلقة بالمعلومات Information Roles

ومن هذه الأدوار نذكر:

1- جامع المعلومات.

2- مصدر المعلومات.

3- محلل المعلومات.

4- موزع المعلومات.

5- متابع/مراقب.

6- المتحدث الرسمي.

ثالثا: أدوار متعلقة بالعلاقات مع الآخرين Interpersonal Roles

ومن هذه الأدوار نذكر:

1- القائد.

2- المرشد/الموجه.

3- حلال المشكلات.

4- الوسيط.حلقة اتصال.

وفي هذا السياق يؤكد محمد محمد إبراهيم على أربعة نقاط مهمة هي:

1- تتطلب وظيفة كل مدير أداء مزيج من هذه الأدوار.

2- غالبا ما تؤثر هذه الأدوار على خصائص العمل الإداري.

3- هذه الأدوار مترابطة بدرجة مرتفعة.

4- تتباين الأهمية النسبية لكل دور تباينا ملحوظا حسب المستوى الإداري وحسب الظروف التي تمر بها المنظمة.

وينبه بيتر دراكر Peter Drucker في هذا الشأن بأن معظم المديرين يضيعون أغلب وقتهم في ماليس بـ «إدارة» وعلى مدير المبيعات القيام بالتحليل الإحصائي أو بالتراضي ومهادنة عميل مهم، على ملاحظ العمال إصلاح الأدوات وكتابة تقرير الإنتاج، وعلى مدير التصنيع تصميم مصنع جديد وترتيب واختبار مواد جديدة.

كما يقوم رئيس الشركة بعمل تفاصيل قرض بنكي أو مناقشة عقد كبير، أو قضاء ساعات في حضور غداء، تكريما لموظف ذي خدمة طويلة. إن كل هذه الأشياء تنتمي إلى عمل خاص، وكلها ضرورية ويجب القيام بها بإتقان، إلا أنها بعيدة تماما عما يفعله

كل مدير مهما كان عمله ونشاطه, وبغض النظر عن رتبته ومركزه. ذلك هو العمل الذي يقوم به كل المديرين ويختصون به، ويمكننا أن نطبق التحليل المنظم للإدارة العلمية على عمل المدير، كما يمكننا عزل ما يقوم بعمله رجل لأنه مدير، وتقسيمه إلى عمليات مكونة له، وبذا يمكن لرجل أن يحسن أداءه كمدير بتحسين أدائه لهذه الأنشطة المكونة له.

مهارات الإدارة

إن الإدارة هي عمل محدد ودقيق. ولهذا فهي تتطلب مهارات (Skills) محددة ودقيقة، وعلى المدير اكتساب عديد من المهارات التي تجعله قادرا على ممارسة الوظائف الإدارية الخمس والقيام بالأدوار الإدارية الثلاث السابق الحديث عنهم، ونذكر من تعريفات المهارة ما يلي:

1- السرعة والدقة في أداء عمل من الأعمال مع الاقتصاد في الجهد المبذول.

2- القدرة على عمل شيء معين لتحقيق هدف محدد.

3- القدرة على تحقيق الأهداف بفعالية.

4- مزيج من الخبرة المكتسبة من الأفعال أو الأنشطة بجانب القدرة الذهنية على تطبيق هذه الأفعال بفعالية وبراعة.

هذا ويمكن أن نقول: إن المهارة هي القدرة على استخدام المعرفة في تحقيق هدف معين بدقة وسهولة وسرعة وسلامة وأمان.

وفي ضوء ما سبق يمكن وضع المعادلة التالية:

$$\text{المهارة} = \text{الرغبة (الاستعداد)} + \text{المعرفة} + \text{القدرة} + \text{الإتقان} + \text{السرعة}$$

إن المهارة لا تكتسب لفظيا، وتظهر أثناء العمل والممارسة أو أثناء أداء المسؤوليات المكلف بها الفرد.

فاكتساب المهارات يتم عن طريق: الدراسة والمعرفة والفهم، ثم التدريب على ممارستها، ثم التثبيت لها.

هذا ويمكن تحديد ثلاث مهارات على أي مديرا اكتسابها، بل وإجادتها هي كالتالي:

1- مهارات فكرية Conceptual Skills

المهارات الفكرية أو ما يطلق عليها في كتابات أخرى بالمهارات الإدارية أو الإدراكية، ويقصد بها القدرة على التفكير المنطقي المرتب، وتصور الأمور ورؤية الأبعاد الكاملة لأي مشكلة ما، وتحديد العلاقات بين المتغيرات المختلفة، ومن أمثلة المهارات الفكرية نذكر: مهارة التخطيط، مهارة تحليل المشكلات، مهارة القيادة، مهارة الإقناع، مهارة التفاوض، مهارة اتخاذ القرارات.

2- مهارات إنسانية Human Skills

المهارات الإنسانية أو ما يطلق عليها في كتابات أخرى بمهارات الاتصال والتعامل مع الآخرين، ويقصد بها القدرة على التعامل الفعال الناجح مع الآخرين (مع الزملاء ومع المرؤوسين ومع الرؤساء ومع العملاء)، ومن أمثلة المهارات الإنسانية نذكر: مهارات الاتصال مع الآخرين، ومنها: مهارة الاتصال اللفظي (الشفهي والمكتوب)، ومهارة الاتصال غير اللفظي (مهارة لغة الجسم)، ومهارة كسب الآخرين وكسب احترامهم.

3- مهارات فنية Technical Skills

المهارات الفنية يقصد بها القدرة على القيام بالعمل المطلوب بالشكل السليم، ومعرفة تسلسل هذا العمل وخطواته، والإجراءات اللازمة للقيام بالعمل المطلوب، ومن أمثلة المهارات الفنية نذكر: مهارة رصد وتحليل البيانات، مهارة استخدام الحاسب الآلي، ومهارة كتابة التقارير، مهارات العرض والتقديم، مهارة وضع ميزانية.

ويختلف المزيج الملائم من هذه المهارات باختلاف المستوى الإداري للشخص المسؤول، والشكل التالي يوضح توزيع المهارات المطلوبة على مستويات الإدارة المختلفة:

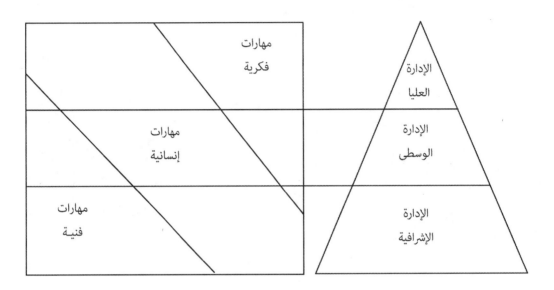

شكل رقم (4)

مهارات الإدارة

وكما هو واضح من الشكل أنه كلما تدرج الشخص وظيفيا إلى أعلى فهو يحتاج إلى اكتساب مهارات فكرية أكثر، وأنه كلما اتجهنا إلى أسفل الهرم أو الهيكل التنظيمي كلما احتاج الشخص مهارات فنية أكثر، أما مساحة أو ثقل المهارات الإنسانية فهي واحدة لجميع المستويات الإدارية.

ويرى بيتر دراكر أن على المدير اكتساب المهارات الإدارية التالية:

1- اتخاذ القرارات الفعالة.

2- تبادل الفكر والمعلومات في داخل المنظمة وخارجها.

3- الاستخدام السليم للرقابة والمقاييس.

4- الاستخدام السليم للأدوات التحليلية الخاصة بعلوم الإدارة.

يرى المؤلف أن مهارات الإدارة يمكن تصنيفها إلى ثلاث مهارات كالتالي:

1- **مهارات إدارية** Managerial Skills

مثل:

- مهارة صنع واتخاذ القرارات.
- مهارة التخطيط.
- مهارة التنظيم.
- مهارة التوجيه والإشراف.
- مهارة الرقابة.
- مهارة إدارة الوقت.
- مهارة إدارة الأزمات.

2- **مهارات قيادية** Leadership Skills

مثل:

- مهارة التأثير في الآخرين.
- مهارة الإقناع.
- مهارة بناء وإدارة فرق العمل.
- مهارة إدارة الاجتماعات.
- مهارة توفير فرص النمو للآخرين.

3- **مهارات إدارة الذات** Self Management Skills

مثل:

- مهارة فهم الذات/إدراك الذات.
- مهارة تقييم الذات.
- مهارة محاسبة الذات.
- مهارة حفز الذات.
- مهارة تطوير وتنمية الذات.
- مهارة تقديم الذات بطريقة إيجابية.

نقطة أخيرة بشأن هذه المهارات هي أنه لا يمكن لأي مدير أن يبرع في هذه المهارات جميعا، إلا أنه يجب على كل مدير أن يفهم ماهية هذه المهارات، وما يمكنها القيام به لصالحه، وما تتطلب هذه المهارات منه ويحتاج كل مدير إلى معرفة أساسية للمهارات الإدارية الضرورية.

أبعاد الإدارة

في ضوء ما سبق يمكن تحديد ثلاثة أبعاد للإدارة هي كالتالي:

- البعد الأول: مهمة الإدارة.
- البعد الثاني: وظائف الإدارة.
- البعد الثالث: العمليات الإدارية.

وتمثل العمليات الإدارية التخصص الفني للأنشطة الإدارية المختلفة من تمويل وأفراد وإنتاج وتسويق ومشتريات، هذه الأبعاد الثلاثة تتفاعل مع البيئة Environment المحيطة بالمنظمة، والتي يمكن تحديد أنواعها كالتالي:

1- البيئة الداخلية Internal

وتشمل مجموعة العوامل الداخلية التي تؤثر على الأداء الإداري بالمنظمة، مثل: قنوات الاتصال وأهداف المنظمة، ونطاق ومجال عمل المنظمة والإدارات والأقسام بالمنظمة وثقافة المنظمة.

2ـ البيئة الخارجية External

والتي تتكون من العوامل الاقتصادية والاجتماعية والمادية والقانونية والثقافية القائمة في المجتمع، والتي تؤثر سواء بالإيجاب أو بالسلب على المنظمة.

ويمكن تصنيف البيئة الخارجية إلى الأنواع التالية:

أ - البيئة الاقتصادية.

ب- البيئة الاجتماعية.

ج- البيئة المادية والفنية.

د- البيئة القانونية والحكومية.

هـ- البيئة الثقافية.

ويمكن التعبير عن أبعاد الإدارة والبيئات التي تمارس من خلالها في الشكل التالي:

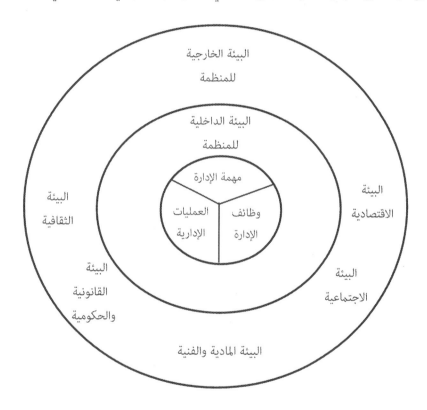

شكل رقم (5)

أبعاد الإدارة والبيئات التي تمارس من خلالها

48

أنواع الإدارة

يوجد أنواع عديدة للإدارة، ويمكن وضع التصنيف التالي - المرتبط بموضوع الكتاب - لأنواع الإدارة كالتالي:

1- الإدارة العامة.

2- إدارة القطاع العام.

3- إدارة الأعمال.

4- الإدارة الدولية.

5- إدارة منظمات المجتمع المدني.

ويُقصد بالإدارة العامة أو الحكومية Public Administration: النشاط الذي يتعلق بتنسيق الجهود الفردية والجماعية لتنفيذ سياسة عامة.

والإدارة العامة في إطار هذا المفهوم تعني تنفيذ السياسة العامة للدولة وإخراجها إلى حيز الواقع، وهي بذلك تمثل مجموع النشاط والعمل الحكومي الموجه نحو أداء الخدمات العامة Public Sector Administration فيُقصد بها إدارة المؤسسات العامة بالدولة، وتعرف المؤسسة العامة بأنها مشروع اقتصادي عام، له شخصية معنوية تملكه الدولة، وتديره بأساليب تختلف عن الإدارة التقليدية للجهاز الحكومي، وذلك لسد حاجة عامة من حاجات المجتمع.

ومن الخصائص المهمة لهذه المؤسسات العامة هو تحررها من الروتين الحكومي في إجراءات التعاقد والشراء والتوظيف والتعامل مع رأس المال.

وبالنسبة لإدارة الأعمال Business Administration فهي الإدارة المهتمة بأوجه النشاط الاقتصادي الخاص (Private) الهادف إلى تحقيق الربح Profit.

ومن أنواع الإدارة أيضا الإدارة الدولية International Administration والتي يقصد بها إدارة المنظمات التي لها صفة دولية أو إقليمية، والتي لا تتبع أيا من الحكومات الأعضاء بها، ومن أمثلة هذه المنظمات: (منظمة الأمم المتحدة والمنظمات المتخصصة

التابعة لها، مثل: (منظمة اليونسيف ومنظمة اليونسكو ومنظمة الصحة العالمية، وجامعة الدول العربية ومنظمة الدول الإفريقية).

أما إدارة منظمات المجتمع المدني Civil Society Organizations Administration For the فيقصد بها: أوجه النشاط الإداري الذي يتوافر في منظمات المجتمع المدني: مثل: (الجمعيات الأهلية والنقابات المهنية والعمالية والأندية الرياضية).

وفي ضوء ذلك فإن إدارة الجمعيات الأهلية Administration for Voluntary Associations تعتبر جزءا أو نوعا من أنواع إدارة منظمات المجتمع المدني.

وبصفة عامة فإن إدارة منظمات المجتمع المدني تختلف عن الإدارة العامة في أنها لا تهدف إلى تقديم خدمات عامة، وإنما تهتم بخدمة فئة خاصة أو معينة من المواطنين، وتختلف أيضا عن إدارة الأعمال من حيث أنها لا تهدف إلى تحقيق الربح بمفهومه العام، وإنما توجه دخلها نحو رعاية المنتمين إليها هم وأسرهم.

هذا ويمكن تقويم نجاح إدارة منظمات المجتمع المدني بمؤشرات عدة، منها: مدى رضاء الأعضاء المنتمين إلى المنظمة، هذا الرضا يمكن ملاحظته عادة من نتائج عملية الانتخاب الدورية لأعضاء مجالس الإدارة أو من قرارات الجمعية العمومية أو برضا الجمهور المستفيد.

المتغيرات العالمية والإقليمية والمحلية

وأيا كان نوع الإدارة فإنها لابد أن تراعي وتدرس وتستفيد من جميع المتغيرات المحلية والإقليمية والعالمية المحيطة بها، بل عليها أن تسهم في إحداث هذه المتغيرات لا أن تكون دائما رد **فعل لها، ومن المتغيرات العالمية، نذكر:**

1- نحن في عصر العولمة.

2- نحن في عصر المعلومات.

3- نحن في عصر إدارة الجودة الشاملة.

50

4- نحن في عصر حماية البيئة.

5- نحن في عصر التقدم التكنولوجي.

6- نحن في عصر التكتلات الاقتصادية والسياسية والعسكرية.

7- نحن في عصر إدارة بلا أوراق.

8- نحن في عصر الإدارة على المكشوف أو الإدارة المفتوحة.

9- نحن في عصر الإدارة فائقة السرعة.

ومن المتغيرات الإقليمية والمحلية، نذكر:

1- زيادة الرغبة في التنمية.

2- زيادة الاهتمام بالمجتمع المدني Civil Society.

3- زيادة قوة التطلعات الشعبية والتوقعات الجماهيرية.

4- استمرار مسؤولية الدولة عن تحقيق مفهوم الدولة الإيجابية Positive State أو دولة الرفاهية Welfare State بمعنى مسؤوليتها عن تحقيق الحد الأدنى من مستوى المعيشة المناسب لجميع المواطنين وتحمل الدولة عبء تقديم الخدمات الأساسية لهم مع مراعاة عدم التمييز أو التفرقة فيما بينهم.

5- النمو الحضاري السريع.

6- الزيادة السكانية بمعدلات تفوق معدلات التنمية.

7- سوء توزيع السكان.

موقف الإدارة من هذه المتغيرات

وعلى الإدارة أن تستجيب لهذه المتغيرات من خلال قيامها بالمهام والأدوار التالية:

1- دراسة هذه المتغيرات، دراسة علمية موضوعية دقيقة.

2- فهم هذه المتغيرات، بشكل عقلاني وموضوعي ومتعمق.

3- الاستجابة البناءة والإيجابية لهذه المتغيرات.

4- العمل على إحداث التغيير واستثماره.

5- العمل على تحقيق النمو المستمر.

6- التخلص من القوالب التنظيمية الجامدة.

7- السعي إلى التميز بتعبئة واستثمار كل الطاقات.

8- الحرص على تطبيق أساليب ومبادئ إدارة الجودة الشاملة، وعلى رأسها كسب رضاء العملاء.

9- تبني مفهوم الابتكار والإبداع والاختراع.

10- تبني خصائص المنظمة المتعلمة - القادرة على التعلم Learning Organization.

11- تبني مفاهيم القيادة المتطورة.

12- الإيمان بأهمية العلاقات الإنسانية والرعاية الاجتماعية ودورهما في زيادة الولاء والانتماء التنظيمي وزيادة الإنتاجية لدى أي منظمة.

تحديات الإدارة في بيئة عالمية

في ضوء ما سبق يمكن رصد بعض تحديات الإدارة في الوقت المعاصر كما يلي:

1- الإبداع، الابتكار، الاختراع.

2- التنافس القطري، الإقليمي، العالمي.

3- الشركات متعددة الجنسيات.

4- الجودة الشاملة.

5- المسؤولية الاجتماعية تجاه خدمة المجتمع.

6- التدخل الحكومي.

7- مطالب النقابات العمالية.

8- التقدم التكنولوجي.

9- التقدم في الحاسبات الآلية.

وكمثال على تأثير مثل هذه المتغيرات والتحديات على مهنة الإدارة، نذكر العلامات التالية:

- ستؤثر تداعيات ثورة المعلومات والاتصالات على نمط الأداء الإداري وعلى العلاقات التنظيمية. ويكفي في هذا الصدد الإشارة على سبيل المثال إلى ما أتاحه ربط جهاز الحاسب الآلي بجهاز الموديم Modem مع جهاز التليفون من إمكانية نقل أي من صيغ المعلومات من حاسب طرف مرسل إلى حاسب الطرف المستقبلي عبر الاتصال التليفوني والبريد الإلكتروني.

- ويشير أيضا أحمد سيد مصطفى بأن كثيرا من الشركات وخاصة في الغرب - بناء على هذا التقدم التقني في مجال المعلومات - سمحت لموظفيها بإنجاز بعض الأعمال خارج مكاتبهم، ربما في منازلهم، وإرسال نتائج العمل اليومي أو الأسبوعي عبر هذه الأجهزة إلى رؤسائهم.

- كذلك يتوقع أن يظهر الجيل الخامس من الحاسبات الآلية، فيتمكن من تصميم البدائل ذاتيا وتقييمها، وتقديم توصيات لصناع القرار، بدلا من قيام مصمم البرامج بتحديد البدائل. وسيؤدي ذلك لعمق أكبر في تطور التصميمات الخاصة بالسلع وفي الاتصالات والمعلومات؛ بحيث تتعمق وتكتمل ظاهرة عالمية الأسواق المالية والنقدية والتجارية (Globalization).

- ويشير أحمد سيد مصطفى إلى أن هذه الظاهرة ستؤدي إلى تجاوز الحواجز الجغرافية والسياسية والثقافية التي تعوق عمليات التبادل الدولي ثقافيا وتجاريا وفنيا وتسويقيا، ولا شك أن هذا يتطلب تعزيز القدرات التنافسية للمنظمات العربية في هذه السوق العالمية.

- لم يحدث في تاريخ البشرية من قبل أن برز على سطح المجتمع تيار فكري واقتصادي وسياسي واجتماعي وثقافي، أثار من الجدل والحيرة والقلق والتوجس مثلما فعل التيار الذي أطلق عليه مصطلح «العولمة» (Globalization).

- فالعولمة تيار لم يقننه فلاسفة أو مفكرون، ثم قدموه للناس على أنه نظرية أو مذهب جديد يسعى إلى دمج العالم في منظومة متكاملة، بل تيار تدفق كنتيجة طبيعية لانهيار الاتحاد السوفييتي، وانتهاء عصر القطبية الثنائية، وثورة المعلومات التي جعلت من العالم قرية كونية صغيرة، وتضخم وتطور الشركات العملاقة المتعددة الجنسيات.

ومع بروز هذا التيار منذ أوائل تسعينات القرن العشرين، هرع المفكرون الاستراتيجيون والسياسيون والاقتصاديون والاجتماعيون إلى تقنينها في إطار منهجي متبلور، وسعى بعضهم إلى تقديمها كنظرية حتمية لا يمكن تجاهلها أو تجنبها على المستوى التطبيقي الدولي.

وفي البداية يمكن أن نرحب بالعولمة إذا كانت تهدف إلى إزالة الحواجز بين الناس وتحقيق الوئام والتبادل الحضاري بين الشرق والغرب بما يساهم في تحقيق التقدم لجميع الدول.

كذلك نحن نرحب بالعولمة إذا كان هدفها تحقيق التعارف والتواصل المتبادل بين الشعوب بدون حواجز فيما بينهم، وأن تساهم في تبادل المنافع دون ظلم وعلى أساس من العدل.

لكن الذي لا نقبله أن يكون هذا التبادل بطريقة تقوم على الظلم واستغلال حاجة المحتاج وإلحاق الضرر ببعض الشعوب وإضعاف الهوية الوطنية وتقويض الإيمان الديني.

إن الغرب يحاول تشويه صورة الإسلام والمسلمين، ويربط في كثير من الأحيان بين الإسلام والإرهاب، وتحميل المسلمين مسؤولية توتر العلاقة بين الإسلام والغرب، ويقوم بعض المفكرين في هذه الدول باستثارة صناع القرار في الولايات المتحدة الأمريكية ودول أوروبا الغربية ضد الدول الإسلامية.

ومهمة المسلمين مقاومة هذه الحملة الشرسة ضد الإسلام والمسلمين والرد على

إدعاءات الغرب بشكل علمي ومنطقي وهادئ يدل على سماحة الإسلام والمسلمين؛ وذلك في مختلف وسائل الإعلام المتاحة لنا في الغرب مع استخدام لغاتهم في توصيل الرسالة لتسهيل الفهم لديهم، وبالتالي نوضح الصورة الحقيقية للإسلام.

كذلك على المسلمين مراعاة ظروف الزمان والمكان ومسايرة روح العصر والاستجابة لحاجات البيئة والعصر، وتوخي جلب المصالح ودفع المفاسد بما ينسجم مع الهيكل التشريعي القائم، والالتزام بالأصول العامة للشريعة الإسلامية.

وفي ضوء تحديات عصر العولمة فلا يجوز أن يقودنا هذا التيار الجارف إلى أن نذوب فيه ونفقد الهوية الإسلامية العربية الخاصة بنا، كما لا يجوز أن نعزل أنفسنا عن عالمنا الذي نعيش فيه، فهذا الانعزال في عالم اليوم قد أصبح أمرا مستحيلا، ومن هنا فإن علينا أن نكون إيجابيين ومشاركين في التطورات التي تحدث من حولنا لا أن نكون مجرد تابعين أو متفرجين.

مقومات المدير الناجح

لقد أجريت العديد من البحوث والدراسات لتحديد سمات المدير الناجح، وتوصلت إلى مجموعة كبيرة ومتنوعة من السمات التي يجب على أي مدير أن يتحلى بها ويكتسبها ليس فقط من خلال خبرات العمل، بل أيضا بواسطة الدورات التدريبية وحضور المؤتمرات والندوات وقراءة كتب ومجلات الإدارة، بل وكتب ومجلات علم النفس وعلم الاجتماع والعلاقات العامة والتخطيط.

وكل هذه البحوث والدراسات كان الهدف الرئيسي لها هو محاولة تحقيق مبدأ وضع الرجل المناسب في المكان المناسب.

إن المدير الناجح يحقق النجاح لنفسه ولجماعة العاملين معه وللمؤسسة التي يعمل بها والعكس صحيح. المدير الناجح المتميز هو الذي يحاول تطوير نفسه، كما يحاول تحقيق الأهداف بكفاءة وفعالية.

والآتي شرح لمفهوم كل من الكفاءة والفعالية.

لقد تعددت الآراء واختلفت أحيانا في تعريف مصطلحي الكفاءة والفعالية، وببساطة يمكن تحديد معنى كل منهما كالتالي:

أولا: الكفاءة Efficiency

يقصد بالكفاءة: حسن الاستفادة من الموارد Utilizing Resources، فالإدارة عليها مسؤولية استخدام العناصر البشرية والمالية والمادية أحسن استخدام - أي بكفاءة.

كذلك تشير الكفاءة إلى قدرة الفرد على تطبيق ما تعلمه بشكل سليم يتصف بالدقة والإتقان مع مراعاة البعد الإنساني في التعامل مع الآخرين.

والمدير الكفء هو ما لديه القدرة على أداء العمل المطلوب منه بمهارة مع ضرورة التعامل الإنساني مع الزملاء والمرؤوسين والعملاء أو الجمهور. كذلك كلمة «كفء» تعني أكثر من مجرد «بارع» إنها تعني أن يكون الموظف:

1- بارعا.

2- مؤهلا.

3- منتجا.

كما تعني أن يكون:

1- عارفا بمقومات الوظيفة.

2- قادرا على أداء مهام الوظيفة.

3- مجتهدا ونشطا ومتحركا.

4- قادرا على التعامل مع الآخرين بنجاح.

ويمكن قياس الكفاءة من خلال المعادلتين التاليتين:

الكفاءة = المخرجات ÷ المدخلات > واحد صحيح.

الكفاءة = إجمالي العائد ÷ إجمالي التكاليف > واحد صحيح.

ثانيا: الفعالية Effectiveness

لغويا يشتق لفظ الفعالية من فعال أو نافذ المفعول، ويأتي من الفعل فعلا فعلا، وافتعل الشيء أي ابتدعه والاسم منه الفعل، كما تعني أيضا الأمر الفعال أو نافذ المفعول والتأثير.

توضح التعريفات المتاحة عن مصطلح الفعالية أنه يعني:

1- حسن اختيار العناصر الملائمة لتحقيق النتائج المقررة.

2- القدرة على تحقيق النتيجة المقصودة طبقا لمعايير محددة سلفا.

3- تحقيق النتائج أو الوصول إلى الأهداف Reaching Goals.

4- درجة استجابة مخرجات النسق - سواء سلع أو خدمات - لمطالب واحتياجات المجتمع أو الملاء.

هذا ويمكن قياس الفعالية من خلال المعادلة التالية:

$$\text{الفعالية} = \text{النتائج} \div \text{الأهداف} > \text{واحد صحيح.}$$

هذا وعندما تنجح الإدارة في تحقيق الكفاءة والفعالية تصبح الإدارة جيدة، وعندما تنجح واحدة وتفشل الأخرى تصبح متوسطة، وعندما تفشل في الناحيتين معا تصبح الإدارة سيئة.

والشكل رقم (6) يوضح ذلك:

	كفء	كفء
كفء	غير فعال	فعال
	إدارة ضعيفة	إدارة جيدة
غير كفء	غير كفء	غير كفء
	غير فعال	فعال
	إدارة سيئة	إدارة متوسطة
	غير فعال	فعال

الكفاءة (الاستفادة من الموارد)

الفعالية (تحقيق الأهداف)

شكل رقم (6)

الإدارة بين الكفاءة والفعالية

استقصاء: هل أنت إداري جيد ؟

الإدارة علم وفن توفير التعاون والتنسيق بين العناصر البشرية والموارد المالية والمادية لتحقيق الأهداف بصورة رشيدة، أي في أقل وقت وجهد وتكاليف.

ويواجه الإداري في حياته اليومية، ومن خلال ممارسته لوظائفه المختلفة، العديد من المشكلات التي تتراوح بين البساطة والتعقيد. ولمواجهة هذه المشكلات بكفاءة وفاعلية، لابد من أن تتوافر لديه مجموعة من السمات والمهارات وفن التعامل مع الآخرين، والتفكير الابتكاري، وكذلك الثقة في النفس، المرونة في أداء العمل، القدرة على التنظيم، وفهم الآخرين ودوافعهم، والآخذ بزمام المبادرة دائما.. وسعة الأفق.

إذا أردت أن تعرف هل أنت إداري جيد أم لا، هنا أسئلة للإجابة عنها:

الاستقصاء

1- هل لديك الرغبة في التفرق والتميز؟

نعـم ❑ أحيانا ❑ لا ❑

2- هل لديك قدرة واضحة على تنظيم العمل؟

نعـم ❑ أحيانا ❑ لا ❑

3- هل تتصف بالمرونة في أداء العمل؟

نعـم ❑ أحيانا ❑ لا ❑

4- هل أنت مخلص للإدارة أو للمؤسسة التي تعمل فيها؟

نعـم ❑ أحيانا ❑ لا ❑

5- هل أنت راض عن إدارة شئون مكتبك؟

نعـم ❑ أحيانا ❑ لا ❑

6- هل تحافظ على وعودك للعملاء؟

نعـم ❑ أحيانا ❑ لا ❑

7- هل أنت لطيف مع زملائك؟

نعـم ❏ أحيانا ❏ لا ❏

8- هل أنت لطيف مع العملاء؟

نعـم ❏ أحيانا ❏ لا ❏

9- هل تعمل بجد ونشاط؟

نعـم ❏ أحيانا ❏ لا ❏

10- هل من السهل التحدث إليك أو مقابلتك؟

نعـم ❏ أحيانا ❏ لا ❏

11- هل تنصت إلى الآخرين باهتمام وتفهم؟

نعـم ❏ أحيانا ❏ لا ❏

12- هل تدرس لتزيد معلوماتك عن مهنتك؟

نعـم ❏ أحيانا ❏ لا ❏

13- هل حديثك مع الآخرين بسيط ومباشر؟

نعـم ❏ أحيانا ❏ لا ❏

14- هل تجد متعة في التخطيط المسبق للمهام الموكلة إليك؟

نعـم ❏ أحيانا ❏ لا ❏

15- هل تصدر القرارات بعد جمع المعلومات المطلوبة واستشارة العاملين معك في المؤسسة؟

نعـم ❏ أحيانا ❏ لا ❏

16- هل تفرح عندما ينجح الآخرون؟

نعـم ❏ أحيانا ❏ لا ❏

17- هل توحي بالثقة إلى الآخرين؟

نعـم ❑ أحيانا ❑ لا ❑

18- هل تثق في العاملين معك في المؤسسة؟

نعـم ❑ أحيانا ❑ لا ❑

التعليمات

1- أعط لنفسك درجتان في حالة الإجابة بـ «نعم».

2- أعط لنفسك درجة في حالة الإجابة بـ «أحيانا».

3- أعط لنفسك صفرا في حالة الإجابة بـ «لا».

4- اجمع جميع درجاتك عن جميع الأسئلة.

تفسير النتائج

أ - إذا حصلت على 28 درجة فأكثر، فأنت شخص إداري جيد، تعرف كيف تدير من تعمل معهم. ننصحك بالاستمرار على المسار نفسه، وبأن تحاول تنمية المهارات الابتكارية لديك ولدى العاملين معك.

ب- إذا حصلت على 2027 - درجة، فأنت شخص إداري بدرجة متوسطة. ننصحك بمراجعة إجاباتك عن جميع الأسئلة، حتى تعرف أين مواطن الضعف في أسلوب إدارتك، وحاول أن تتغلب عليها بالإرادة والمحاولة والتدريب.

ج- إذا حصلت على 19 درجة فأقل، فأنت شخص غير إداري، ننصحك بترك مكانك لشخص آخر أكفأ منك. لا تغضب من هذه الصراحة، فهذه النصيحة القاسية ستنفذك من فقد عملك نهائيا، وتنقذ المؤسسة التي تعمل فيها من خسارة كبيرة.

استقصاء: هل أنت مدير متميز؟

لقد أجريت العديد من البحوث والدراسات لتحديد سمات المدير المتميز، وتوصلت إلى مجموعة كبيرة ومتنوعة من السمات، التي يجب على أي مدير أن يتحلى بها ويكتسبها ليس فقط من خلال خبرات العمل، بل أيضا بواسطة الدورات التدريبية وحضور المؤتمرات والندوات وقراءة كتب ومجلات الإدارة بل وكتب ومجلات علم النفس وعلم الاجتماع والعلاقات العامة والتخطيط.

وكل هذه البحوث والدراسات كان الهدف الرئيسي لها هو محاولة تحقيق مبدأ وضع الرجل المناسب في المكان المناسب.

إن المدير المتميز يحقق النجاح لنفسه ولجماعة العاملين معه وللمؤسسة التي يعمل بها. والمدير غير المتميز يحقق الفشل لنفسه ولجماعة العاملين معه وللمؤسسات التي يعمل بها.

إذا أردت أن تعرف هل تنتمي للنمط الأول أم للنمط الثاني؟ فأجب عن هذا الاستقصاء.

الاستقصاء

1- هل لديك الرغبة في التفوق والتميز؟

نعــم ☐   أحيانا ☐   لا ☐

2- هل لديك القدرة على اتخاذ القرارات بشكل رشيد؟

نعــم ☐   أحيانا ☐   لا ☐

3- هل تمارس مهارة التخطيط السليم لجميع الأمور والمهام؟

نعــم ☐   أحيانا ☐   لا ☐

4- هل توزع الأعمال على العاملين بشكل يتناسب مع تخصصاتهم وقدراتهم؟

نعــم ☐   أحيانا ☐   لا ☐

62

5- هل ترفع الروح المعنوية للعاملين معك؟

نعــم ☐   أحيانا ☐   لا ☐

6- هل تثق في نفسك؟

نعــم ☐   أحيانا ☐   لا ☐

7- هل تثق في العاملين معك؟

نعــم ☐   أحيانا ☐   لا ☐

8- هل تراعي العدالة بين جميع العاملين؟

نعــم ☐   أحيانا ☐   لا ☐

9- هل تحسن الإنصات للعاملين معك؟

نعــم ☐   أحيانا ☐   لا ☐

10- هل تشرك العاملين معك في تحديد الأهداف ووضع الخطط؟

نعــم ☐   أحيانا ☐   لا ☐

11- هل تتمتع بقوة الإرادة؟

نعــم ☐   أحيانا ☐   لا ☐

12- هل أنت شخص طموح؟

نعــم ☐   أحيانا ☐   لا ☐

13- هل تحاول إضفاء روح المرح والابتسامة في بيئة العمل؟

نعــم ☐   أحيانا ☐   لا ☐

14- هل تهتم بتقويم أعمال القسم أو الإدارة التي تديرها؟

نعــم ☐   أحيانا ☐   لا ☐

15- هل تطبق أسلوب الإدارة بالأهداف؟

نعــم ☐   أحيانا ☐   لا ☐

16- هل تطبق أسلوب الإدارة على المكشوف والتي أساسها المكاشفة والمصارحة والمشاركة؟

نعـم ❑ أحيانا ❑ لا ❑

17- هل أنت عصبي المزاج؟

نعـم ❑ أحيانا ❑ لا ❑

التعليمات

1- أعط لنفسك درجتان في حالة الإجابة بـ «نعم»، ودرجة واحدة في حالة الإجابة بـ «أحيانا» عن الأسئلة من 1 إلى 16.

2- أعط لنفسك درجتان في حالة الإجابة بـ «لا»، ودرجة واحدة في حالة الإجابة بـ «أحيانا» عن السؤال رقم 17.

3- اجمع جميع درجاتك عن جميع الأسئلة.

تفسير النتائج

أ - إذا حصلت على 24 درجة فأكثر، فأنت مدير متميز ستحقق النجاح تلو النجاح لنفسك ولجماعة العمل معك وللمؤسسة التي تعمل بها.

ب- إذا حصلت على 1223 - درجة، فأنت مدير فقط، لم تصل إلى درجة الكفاءة والفاعلية المطلوبين حتى تحقق النجاح المطلوب منك، وحتى تساهم بشكل كبير في تحقيق أهداف العاملين معك وأهداف المؤسسة التي تنتمي إليها.

ج- إذا حصلت على 11 درجة فأقل، فأنت تعاني كثير من المشكلات في إدارتك وغالبا لا تحقق أي نجاح في عملك، ننصحك إما أن تترك هذا المنصب وهذا قرار صعب جدا جدا عليك، أو أن تطور من نفسك إداريا واجتماعيا بشكل سريع وشامل.

The Seven Habits for the Effective Manager العادات السبع للمدير الفعال

في كتابه عن العادات السبع لأكثر الناس فعالية، حدد ستيفن كوفي Stephen Covy (4200) سبعة عادات يمكن أن يسلكها المديرون بما يجعلهم متميزين في أدائهم لأدوارهم ووظائفهم، هي كالتالي:

1- Be Proactive.

2- Begin with the End in Mind

3- Put First Things Fist.

4- Think Win / Win.

5- Seek First to Understand, then to be Understandable by others.

6- Sharpen the Energy.

7- Smiling.

الفصل الثالث

_____

الإدارة بالمعرفة

_____

أشتمل هذا الفصل على:

- 📖 مقدمـــة.
- 📖 الإدارة بالمعرفة.
- 📖 تعريف الإدارة بالمعرفة.
- 📖 إدارة المعرفة وإدارة المعلومات.
- 📖 خرافات متصلة بإدارة المعرفة.

«من العلامات الصحية في كافة الأمور أن ترفع إشارة استفهام بين الحين والآخر حول الأشياء التي كنت تعتبرها منذ زمن طويل قضايا مسلما بها ».

(برتراند رسل)

مقدمـــة

نحن نعيش في عصر المعرفة Knowledge Age أو في عصر المعلومات Information Age ؛ وذلك نظرا لما نراه من النمو السريع في المعلومات والمعارف من حولنا، فعلى مستوى العالم فإن كمية المعلومات تتضاعف كل خمس سنوات، وقوة الحاسب الآلي Computer تضاعف كل سنتين على الأقل.

والمشكلة التي تواجهنا ليست كما كانت في الماضي ـ مشكلة نقص المعلومات Lack of Information ـ بل المشكلة الآن هي التعامل الذكي ليس فقط مع الكم الهائل من المعلومات المتوفرة بل مع التعدد الكبير في وسائل وطرق النقل وتخزين وتبادل المعلومات.

هذا، ويقول آلفين توفلر Alvin Toffler في كتابه صدمة المستقبل Future Shock، إن من خصائص العصر الذي نعيشه زيادة التحميل بالمعلومات. ويقصد بها زيادة فرط التنبيه عند المستوى الإدراكي من كثرة المعلومات التي حولنا، والمطلوب من الإنسان امتصاصها ومعالجتها وتقييمها والاحتفاظ بها واستخدامها وإصدار الأفعال والقرارات في ضوئها.

أيضا نحن نعيش ثورة المعلومات Information Revolution الذي يقوم فيه الحاسب الآلي بالدور الأول. وهي الثورة التي لا يمكن تجنبها حتى بالنسبة للدول الأقل تقدما. فلقد أصبح العالم قرية إلكترونية صغيرة يربطها شبكات للمعلومات Information Networks من خلال وسائل الاتصال المتعددة عبر الأقمار الصناعية Satellites والموجات شديدة القصر. وفي القرن الحادي والعشرين ستكون صناعة المعلومات Information Industry

ثروة من ثروات الشعوب كالغذاء والنفط، وستصنف فيه الدول حسب إنتاجها واستخدامها للمعلومات، وستعرف الأمية على مستوى هذا العالم الجديد بالأمية المعلوماتية لا أمية القراءة والكتابة.

إن تكنولوجيا المعلومات Information Technology أصبحت تشكل نظاما متكاملا يجمع بين المعلومات ونظم الحاسبات الإلكترونية ونظم الاتصالات.

وقد برزت تكنولوجيا المعلومات لتفرض نفسها كصناعة Industry متعددة الجوانب ووسيلة لا غنى عنها للإنسان في مختلف مراحل عمره وفي أدائه لمختلف وظائفه من اتخاذ القرار أو البحث أو التنفيذ وحتى في حياته المنزلية والاجتماعية واليومية.

ولتوضيح أهمية الجانب المعرفي في حياة اليوم تشير إلى تقرير دولي صدر في عام 1996 عن منظمة التعاون والتنمية الاقتصادية OECD يقول إن أكثر من نصف الإنتاج في الدول المتقدمة خلال السنوات القليلة الماضية اعتمد على الاقتصادي المعرفي Knowledge based Economy أي الاقتصاد القائم على العامل الإنساني المسيطر والمستخدم لتكنولوجيا المعلومات.

وتخطط كل الدول النامية لتضييق الفجوة بينها وبين الدول المتقدمة التي سبقتها في استخدام نظم المعلومات والاستفادة من تلك التكنولوجيا المتقدمة في جميع مرافقها وبما يضمن لها الوصول إلى درجات عالية من جودة الأداء.

إذا كانت التكنولوجيا Technology هي المحرك الضخم للمجتمع، فإن المعرفة هي وقود هذا المحرك، وهذا المحرك يتلقى كل يوم غذاء أفضل وأغنى.

هذا، ولقد صدقت مقولة فرنسيس بيكون Francis Bacon عندما قال إن «المعرفة هي القوة Knowledge is power».

الإدارة بالمعرفة

هذا ونظرا لتعاظم دور المعرفة وأهميتها في ممارسة جميع وظائف وعمليات الإدارة، وفي تحسين هذه الممارسة، بل وتحقيق التميز في هذا الشأن بدأت المنظمات تهتم بشكل أكبر بتطبيق فكر ومبادئ الإدارة بالمعرفة Knowledge Management.

فلقد شهدت السنوات الماضية اهتماما متزايدا من جانب قطاع الأعمال وبعض الجهات الحكومية في بعض الدول العربية لتبني مفهوم إدارة المعرفة.

وترى الإدارة بالمعرفة أن المعرفة مورد هام جدا لجميع المنظمات سواء سلعية أو خدمية. وأن المعرفة هي أحد عناصر الإنتاج. كذلك تؤكد الإدارة بالمعرفة على أنه لم يعد رأس المال أو الموارد الطبيعية هي المورد الاقتصادي الرئيسي، بل المعرفة هي الأساس في ذلك.

وأن المنظمات لا يجب عليها فقط جمع وتحليل المعرفة، بل وإنتاج للمعرفة أيضا، وتدريب العاملين عليها وإتاحتها لهم. أيضا على المنظمات أن ألا تهتم فقط بالمعرفة الحالية، بل عليها أن تهتم بالمعرفة المستقبلية أيضا.

ويعد بيتر دراكر Peter Drucker من أوائل المفكرين الذين رصدوا إرهاصات هذا التحول العظيم، وقد صاغ مصطلح «العمل المعرفي» أو «العامل المعرفي» Knowledge-Worker في سنة 1960 تقريبا. ووفقا لأحدث كتاب صدر له «وهو مجتمع ما بعد الرأسمالية»

يرى دراكر(1993) إن إدارة المعرفة ـ كما يشير مؤيد السالم ـ ليست بالشيء الجديد عند البشر، إلا أن الجديد فيها هو بداية التعامل معها بممارسة واعية والنظر إليها بجدية أكثر. إذ أخذت الإدارة تؤمن تماما بأهمية التشاركية فيها.

لقد أصبحت إدارة المعرفة والتعلم التنظيمي إستراتيجية أساسية للمنظمات في البيئة التنافسية. وأصبحت الآن أحد الأدوار الحيوية للمدير، وذلك لأن عددا قليلا من المنظمات قادر على الاستخدام المنظم للأفكار والحكم المتجمعة عند العاملين.

ويرى دراكر Druker أن أحد أهم التحديات التي تواجه كل منظمة في مجتمع المعرفة هو بناء ممارسات منهجية منظمة لإدارة التحويل الذاتي، وينبغي على المنظمة أن تكون مستعدة للتخلي عن المعرفة التي أصبحت قديمة، وأن تتعلم كيف تبدع أشياء جديدة من خلال:

(1) التحسين المتواصل لكل نشاط.

(2) تطوير تطبيقات جديدة نابعة من نجاحاتها.

(3) الابتكار المتواصل كعملية منظمة.

ويشير دراكر Druker أيضا (1991) إلى ضرورة أن تقوم المنظمة برفع مستوى إنتاجية العاملين في مجال المعرفة والخدمات من أجل مواجهة التحدي: «إن أكبر تحد يواجه المديرين في الدول المتقدمة في العالم هو زيادة إنتاجية العاملين في مجال المعرفة والخدمات، ولسوف يحدد هذا التحدي، الذي سيسطر على الأجندة الإدارية خلال العقود العديدة المقبلة، في النهاية الأداء التنافسي للشركات، والأهم من ذلك أنه سيحدد نسيج المجتمع وجودة الحياة في كل أمة صناعية».

تعريف الإدارة بالمعرفة

هناك تعريفات عديدة لمصطلح الإدارة بالمعرفة، نذكر أشهرها كالتالي:

1- تعريف Scarborough وآخرون (عام 1990): الإدارة بالمعرفة هي أي عملية أو ممارسة لإنتاج وتدعيم ونشر المعرفة واستخدامها لتحسين التعلم والأداء في المنظمات.

2- تعريف Tan (عام 2000): الإدارة بالمعرفة هي عملية منتظمة وفاعلة لإدارة وتفعيل مخازن المعرفة في المنظمة وتوظيفها في تحقيق أهداف المنظمة.

3- تعريف Dubrin (عام 2001): إدارة المعرفة هي المشاركة المنظمة في المعلومات لتحقيق أهداف عديدة كالإبداع، وعدم ازدواجية الجهود، والمزية التنافسية.

4- تعريف Daft (عام 2001): إدارة المعرفة هي تلك الجهود التي يبذلها المديرون من أجل تنظيم وبناء رأس مال المنظمة من الموارد المعلوماتية.

5- تعريف سعد التكريتي (عام 2004): إدارة المعرفة هي العمل الذي تؤديه المنظمة من أجل تعظيم كفاءة استخدام رأس المال الفكري في نشاط الأعمال، وهي تتطلب تشبيكا وربطا لأفضل الأدمغة عند الأفراد عن طريق المشاركة الجماعية والتفكير الجمعي.

6- تعريف Jennifer Joy وزملاؤه (عام 2004): إدارة المعرفة هي العملية التي تستطيع المنظمات من خلالها أن تولد قيمة من أصولها الفكرية والمعتمدة على استخدام المعرفة، ويتضمن ذلك عادة قيام المنظمة بإشراك الموظفين والإدارات وحتى الشركات الأخرى في هذه الأصول لكي يتسنى تنمية والاشتراك في الممارسة الأفضل.

7- تعريف مؤيد السالم (عام 2005): إدارة المعرفة هي عملية تعني باكتشاف وتكوين وخزن واستعادة وتوزيع واستخدام المعلومات سواء كانت ضمنية أو علنية.

8- تعريف Michael Armstrong (عام 2006): إدارة المعرفة هي عملية إنتاج ونشر المعرفة لدى العاملين والمنظمة وتوظيفها في تحسين الأداء والسلع والخدمات التي تنتجها أو تقدمها المنظمة.

9- تعريف رسالة معهد الإدارة العامة بالسعودية (2007): إدارة المعرفة هي العمليات التي تساعد المنظمات على توليد والحصول على المعرفة، اختيارها، تنظيمها، استخدامها، ونشرها، وتحويل المعلومات المهمة والخبرات التي تمتلكها المنظمة والتي تعتبر ضرورية للأنشطة الإدارية المختلفة كاتخاذ القرارات، حل المشكلات، التعلم، والتخطيط الاستراتيجي.

ولقد عقد عبد الرحمن توفيق في كتابه عن «الإدارة بالمعرفة» مقارنة بين رؤية كل من: الفكر الإداري القديم والفكر الإداري الجديد تجاه المعرفة، كالتالي:

جدول رقم (1)

مقارنة بين كل من الفكر الإداري القديم والجديد

أوجه المقارنة	الفكر الإداري القديم	الفكر الإداري الجديد
نوع التفكير	التفكير التقليدي	التفكير الجديد
نحن نفهم عن طريق	التقسيم إلى أجزاء	الرؤية من منظور الكل
المعلومات	قابلة للمعرفة في النهاية	لا متناهية ولا محدودة
النمو	خطـي	عضوي وفوضوي
الإدارة	التحكم والرقابة	الفهم والبصيرة والمشاركة
المعرفة	فردية	جماعية
المعرفة	ليست متاحة للجميع	متاحة للجميع
الاهتمام بالتغذية العكسية	محدود	واضح ورئيسي
تزدهر الحياة بـــ	المنافسة وبقاء الفرد	التعاون وبقاء الشبكة

هذا ويظهر المديرون ذوو التوجه نحو الإدارة بالمعرفة مهارات عديدة مثل:

1- الإنصات إلى الجميع (الرؤساء والزملاء والمرؤوسين والعملاء والمنافسين وأي طرف آخر في المجتمع..).

2- استحداث أفكار جديدة.

3- التفاؤل بشأن المستقبل.

4- التعلم من النجاح سواء النجاح الشخصي أو نجاح الآخرين أو نجاح المنظمة أو نجاح المنظمات الأخرى وخاصة المنافسة.

5- التعلم من الفشل.

6- الحرص على التعلم والتعليم والتدريب.

7- الحرص على التنمية المهنية المستمرة.

ويرى جنيفر جوي Jennifer Joy وزملاؤه أن هؤلاء المديرون يهتمون: بالإصغاء وطرح الأسئلة والمساندة والتحدي وتقديم الموارد والتأمل وتقديم الإرشاد والاهتمام بالتدريب.

إدارة المعرفة وإدارة المعلومات

يوضح مؤيد السالم الفرق بين إدارة المعرفة وإدارة المعلومات كالتالي: إدارة المعرفة هي أمر مغاير عن التكنولوجيا الرقمية، بل أن التكنولوجيا هي جزء من إدارة المعرفة. وما نشاهده من تقنيات معلوماتية محوسبة ومن شبكات الإنترنت وغيرها وما يرتبط بها من قواعد بيانات وجداول إلكترونية وبنوك معلومات، ما هي إلا مظاهر بارزة في حركة إدارة المعرفة في الحاضر والمستقبل.

وإذا كانت إدارة المعلومات Information Management تمثل مجموعة الأساليب المتعلقة بالجانب التقني باعتبارها تحتاج إلى تدخل العنصر البشري فيها ضمن نطاق الاستفادة منها، وهي منظمة بصورة أدق من المعلومات.

وعلى هذا فإن عملية نقل المعلومات تختلف عن نقل المعرفة، إلا أن الأولى منهما ضرورية وشرط أساسي للثانية. كما أن تجميع المعلومات لا يعني المعرفة بالمعنى الذي قدمناه في هذا المؤلف. إن إدارة المعلومات تتعامل أساسا مع البيانات بينما تتعامل إدارة المعرفة مع البشر فكرا وإبداعا وسرعة خاطر وتعلما، وهي تسعى إلى تفعيل إمكانات المنظمة في هذه الجوانب.

وتستخدم إدارة المعرفة منظومات معلوماتية وأنماطا لتكنولوجيا المعلومات ملائمة لتخطيط وتنفيذ كل وظيفة رئيسة من وظائف إدارة وتنمية واستثمار الموارد المعرفية والفكرية للمنظمة، وهي وظائف ترتبط بعمل فئات جديدة من العاملين في حقل البيانات Data Workers وحقل المعلومات والمعرفة Information & Knowledge Workers.

ويؤكد سعد التكريتي على أن إدارة المعرفة دمجت التقني بالإنساني، والملموس بالافتراضي، والحوار المكاني بالتراسل الإلكتروني، والمعرفة المتراكمة التي تمتد جذورها في أرض المنظمة بالمعرفة والخبرة التي يجرى استيرادها بوسائل شرعية وحرة عبر القنوات الإلكترونية أو بالأدمغة التي يتم استقطابها وشراؤها بغض النظر عن الجنسية واللون والعرق. فهذا ليس هو المهم لان المهم هو أنها أفضل الأدمغة أو ربما أرخص الأدمغة في حقل الاختصاص.

ولذلك، فإن عمل إدارة المعرفة يندرج بنيويًا بعمل نظم المعلومات. وبدون نظم المعلومات وتكنولوجيا المعلومات لا تستطيع أي إدارة في عالم اليوم أن تقوم بوظائف خلق المعرفة، أو توزيع المعرفة، أو المشاركة بالمعرفة، أو خزن وترميز المعرفة. ووفقا لمدخل منظمة التعلم، لم تعد مهمة المنظمة محصورة في معالجة المعرفة (كما كان الشأن في نظم المعلومات)، بل الأهم هو ابتكار المعرفة بإدماج مصادر المعرفة في نسيج ثقافي متكامل ومتميز.

خرافات متصلة بإدارة المعرفة

هناك خرافات عديدة حول أهمية إدارة المعرفة وإمكانية تطبيقها والاستفادة منها. فعلى سبيل المثال رصد مالهوترا Malhotra ثلاث خرافات في هذا الشأن هي كالتالي:

- الخرافة الأولى: تكنولوجيات إدارة المعرفة يمكن أن تقدم المعلومات المناسبة للشخص المناسب في الوقت المناسب.

- الخرافة الثانية: تكنولوجيا إدارة المعرفة يمكنها أن تخزن الذكاء والخبرة الإنسانية.

- الخرافة الثالثة: تكنولوجيات إدارة المعرفة تستطيع توزيع الذكاء الإنساني.

إن المنظمات بحاجة إلى العمل على إيجاد أساليب عمل أكثر تفتحا وتعاونا لكي يصبح مفهوم الاشتراك في المعرفة وتوليدها أكثر شيوعا بكثير، وما إن تنجح في القيام بذلك، حتى تصبح في وضع أفضل يؤهلها للبدء في تطوير نظام الإدارة بالمعرفة.

الفصل الرابع

منظمات التعلـم

أشتمل هذا الفصل على:

- مقدمـــة.
- مفهوم المنظمة التي تتعلم.
- خصائص المنظمة التي تتعلم.
- أهمية المنظمات التي تتعلم.
- أسس تصميم المنظمة التي تتعلم.
- استقصاء: بناء المنظمة التي تتعلم في مكان عملك.
- مقياس التشخيص الجانبي للمنظمة التي تتعلم.
- استقصاء: سلوكيات المنظمة التي تتعلم.
- استقصاء: ما مدى حسن مساندة بيئتك التنظيمية للتعلم؟
- استقصاء: مدى استعداد المنظمة للتعلم.
- القائد / المتعلم.
- دور القائد المتعلم.

مقدمـة

يقدم كل من جنيفر جوي Jennifer Joy وزملاؤه تشبيه جميل يوضح مفهوم وخصائص منظمات التعلم كالتالي:

المنظمة المعتمدة على التعلم تشبه الفرد غير الثمل، وتتخذ القرارات الصغيرة بيسر وسلاسة لحظة بلحظة، وتميل غلى عدم القيام بانعطافات حادة، وتستطيع أن تستشرف المستقبل وتتنبأ بالتوقيت الذي سيبدو فيه حدوث ازدحام في الممر وشيكا، وتستطيع الانتقال إلى الجانب الآخر والبقاء يقظة ومنتبهة لتفادي أية معوقات. عند مستوى أوسع وأعمق، قررت المنظمة المعتمدة على التعلم أن استراتيجية البقاء متحررة من تأثير الكحوليات هي التي توصلك إلى نهاية الممر. والأفراد العاملون في المنظمة المعتمدة على التعلم يعرفون بوضوح أي طريق يريدون أن يسلكوه من بين مجموعة من الخيارات ويعرفون لماذا. إن المنظمة المعتمدة على التعلم لديها الوقت للانخراط في تحالفات على الطريق ومزاولة نشاطها وهي مستمرة في التحرك.

من ناحية أخرى، تشبه المنظمة غير المعتمدة على التعلم الشخص الثمل إلى حد كبير، إذ يبدو أنها تواجه كثيرا من الأزمات التي تستدعيه إجراء تغييرات حادة في الاتجاه. وفي أحيان كثيرة يعجب الناظرون من قدرتها على التعافي في أزماتها بصورة مذهلة، ولكن يبدو أن ذلك يوقعها في الأزمة التالية. في هذه الأوضاع المعقدة، يتضرر أناس كثيرون ويلحق الضرر بالملكية والطاقة الإنتاجية.

مفهوم المنظمة التي تتعلم

مفهوم المنظمة التي تتعلم أو منظمة التعلم Learning Organization أو The Knowing Organization مفهوم جديد في الفكر الإداري الجديد، ويشير إلى المؤسسة التي تهتم بالعلم والمعلومات والمعرفة والتدريب، والتي ترفع شعار الإدارة بالمعرفة وتطبقه.

ومن التعريفات المتاحة عن المنظمة التي تتعلم نذكر:

1- هي المنظمة التي تعلم أعضاءها، وتستمر في تطوير نفسها.

2- هي المنظمة التي تشجع العاملين على التعلم والتطور وتتجاوب مع هذا التطور.

3- هي المنظمة التي توفر للعاملين ولنفسها أحدث المعارف لاستخدامها في تحسين أداء العاملين وتحقيق أهداف المنظمة.

4- هي المنظمة التي تستجيب بشكل ديناميكي للتغيرات التي تحدث سواء بداخل المنظمة أو بخارجها، وذلك من خلال اكتساب المهارات اللازمة لتلبية مطالب السوق والمواقف الجديدة.

5- هي المنظمة التي تهدف إلى زيادة رأس المال البشري بحد أقصى من خلال برامج المعرفة والتطوير والتدريب والتوجيه التي تقدم للعاملين بهذه المنظمة.

6- هي المنظمة التي ينشغل فيها كل شخص بالتعرف على المشكلات التي تعيشها المنظمة ويعمل على حلها من أجل توفير الفرصة للتجربة والتحسين وزيادة قدراتها.

7- هي المنظمة التي تسهل تعليم جميع أعضائها وتعدل من صورتها باستمرار من أجل تحقيق أعلى أداء تنافسي.

8ـ هي المنظمة الماهرة في تكوين المعرفة والحصول عليها ونقلها، والماهرة أيضا في تكييف سلوكها لمتطلبات التكنولوجيا الجديدة.

9ـ هي المنظمة التي تشجع التعلم وتسعى إليه.

10ـ هي المنظمة التي تسعى لوضع الأسس اللازمة لتسهيل عملية التعلم، وتكييف نفسها لتتلائم مع هذه العمليات.

في ضوء ما سبق يمكن أن نقول إن المنظمة التي تتعلم هي التي تهتم بالمعرفة والمعلومات عند ممارسة وظائف وعمليات الإدارة. كذلك فإنها تؤمن بأهمية التعلم

Learning والتعليم Education المستمرين لجميع العاملين. أيضا المنظمة التي تتعلم تعطي لإدارات المعلومات والحاسب الآلي والتدريب حقهم من الاهتمام والميزانية. والمنظمة التي تتعلم بالإضافة إلى أنها تطبق فكر الإدارة بالمعرفة، فهي تطبق كذلك فكر الإدارة على المكشوف Open Book Management.

والمنظمة التي تتعلم من معارفها وخبراتها، ومن معارف وخبرات العاملين بها، ومن معارف وخبرات المنظمات الأخرى، وهي لا تجد غضاضة من أن تتعلم من الآخرين.

إن البداية الحقيقية لاستخدام مصطلح المنظمة التي تتعلم تعود إلى كريس آرجوس C. Argyris وذلك منذ بداية التسعينيات من القرن العشرين. حيث نشر في عام 1990 كتابه عن «تسهيل التعلم التنظيمي» Facilitating Organizational Learning.

ويعتبر بيتر سنج Peter Senge من أوائل المفكرين الذين شرحوا مصطلح المنظمة التي تتعلم، وذلك في كتابه عن «النظام الخامس: فن وممارسة المنظمة التي تتعلم» The Fifth Discipline: The Art & Practice of Learning Organization والمنشور عام 1990.

ويرى بيتر سنج (1990) أن من خصائص المنظمة التي تتعلم حرصها بشكل مستمر على زيادة قدرتها على خلق مستقبلها بناء على قاعدة معرفية حديثة منبثقة من معارف كل من: العاملين والمنظمة وجهات أخرى (مثل الجامعات والمنظمات الأخرى..).

ومن الكُتّاب الآخرين الذين اهتموا بهذا الموضوع أيضا نذكر: بدلر Pedler وبيرجوين Burgoyne وبويدل Boydell ومايك ويلز Mike Wills... فعلى سبيل المثال يؤكد بدلر وبيرجوين وبويدل (1991) على أن المنظمة التي تتعلم هي التي تسهل عملية العلم لأعضائها، وتهتم باستمرار بالاستفادة من معارفهم والمعارف المكتسبة من خبراتها وخبرات المنظمات الأخرى.

كذلك يوضح مايك ويلز Mike Wills أهمية التدريب في تحقيق المنظمة التي تتعلم أهدافها. فالتدريب - كما يقول - مكون أساسي في عملية التعلم، وأنه من الضروري ألا نغفل تلك الحقيقة.

خصائص المنظمة التي تتعلم

حدد بيتر سنج Peter Senge خمس خصائص للمنظمة التي تتعلم، هي كالتالي:

1- العمل وفق نماذج عقلية Mental Models: أي أن الفرد في المنظمة يجب أن يتخلى عن أساليبه التقليدية في التفكير.

2- التفوق أو البراعة الشخصية Personal Mastery: أي لا بد أن يمتلك الفرد القدرة على التصرف الذاتي والانفتاح على الآخرين والتفاعل معهم في إطار العمل الفريقي.

3- التفكير المنظومي System Thinking: أي يجب أن يتعلم كل فرد كيف تعمل المنظمة في إطارها العام.

4- رؤية مشتركة Shared Vision: ففي المنظمة التي تتعلم يعمل الجميع وفق رؤية واضحة وخطة عمل متفق عليها مسبقا.

5- التعلم الفريقي Team Learning: على الجميع العمل معا من أجل إنجاز الخطة المقررة.

أما هت W.D. Hitt في مقالته عن «المنظمة التي تتعلم» والمنشورة عام 1995 في مجلة القيادة والتطوير التنظيمي حدد ثماني خصائص للمنظمة التي تتعلم، هي كالتالي:

1- قيم مشتركة Shard Values.

2- نمط قيادي محفز Catalyst.

3- فرق عمل تتعلم بطاقة أكبر من طاقات التعلم الفردية Synergistic Teams.

4- إستراتيجية Strategy غرضها الاكتشاف والتكيف.

5- هيكل تنظيمي شبكي وبدرجة عالية من المرونة والاستجابة Structure.

6- أفراد لديهم ميول نحو التعلم والاكتشاف ويحملون مهارات وقدرات جديدة Skills.

7- نظم Systems لقياس التميز والتجديد التنظيمي والأداء المالي.

8- أفراد Staff.

81

ويضيف بيدلر M.J. Pedler وزملاؤه (1991) خصائص أو ملامح أخرى للمنظمة التي تتعلم كالتالي:

1- الأخذ بمدخل تعلمي إلى الاستراتيجية: ادرس استراتيجية الجزء الخاص بك من المنظمة مع العاملين، وأدخل تغييرات صغيرة وتعامل معها كتجارب.

2- صنع السياسة على أساس تشاركي: اتخاذ القرار عملية مفتوحة تأخذ في الاعتبار وجهات نظر جميع الأطراف المعنية.

3- التوجه المعلوماتي: تعظيم الاشتراك في المعلومات، واستخدام تكنولوجيا المعلومات لجعل استخدام المعلومات سهلا وفوريا وممتعا.

4- المحاسبة والرقابة التكوينيتان: نظم المحاسبة والموازنة والتقارير مصممة للمساعدة على التعلم والتنظيم الذاتي.

5- التبادل الداخلي: إسعاد العملاء الداخليين وتعظيم محصلة التفاوض الإجمالية المحققة لمصلحة الطرفين ـ بالنسبة للمنظمة ككل.

6- مكافأة المرونة: دراسة أساسي الفوارق في الأجور والمكافآت ومناقشة ذلك بشكل علني ومفتوح وتحديد والموافقة على استخدام المكافآت غير المالية.

7- الهياكل الممكنة: توفر المرونة والمساحة اللازمتين لتحقيق النمو والتطور.

8- دور العاملين في الخطوط الأمامية: كماسين بيئيين ـ يقوم العاملون المتصلون بالعملاء بجمع المعلومات ويتم التصرف بناء عليها.

9- التعلم بين المنظمات: التشارك، السرقة بلا شعور بالخزي (والسماح للآخرين بسرقة الأفكار منك)، المفاضلة المعيارية (المشروعات التعاونية والمشتركة جزء من روح المنظمة التي تتعلم).

10- مناخ التعلم: التشكيك في صحة الأفكار والأعمال، التماس التغذية المرتدة من الآخرين، تقدير قيمة الأخطاء واعتبارها فرصا للتعلم، استساغة الاختلاف واعتباره مولدا للأفكار الجديدة.

11ـ   فرص تنمية الذات للجميع: يتم تشجيع الأفراد على تحمل مسئولية تنمية أنفسهم وإعطاؤهم موارد كافية ومرنة لتحقيق هذه التنمية.

أهمية المنظمات التي تتعلم

من خلال استفتاءات عديدة عبر الإنترنت استطاع كاراش Karash الوقوف على أسباب عديدة تدفع بالمديرين نحو ضرورة التحول إلى المنظمات التي تتعلم. وشرح مؤيد السالم هذه الأسباب كالتالي:

1-   لأننا نريد أداء متميزا ونرغب في تحقيق مزية تنافسية.

2-   لكي نتجنب الفشل وحالات التدهور.

3-   لكي نحسن ونطور نوعية المنتجات والخدمات التي نقدمها للعملاء.

4-   لكي نحسن قدراتنا في إدارة التغيير المخطط.

5-   لكي نتفهم المشكلات والمخاطر بشكل أعمق.

6-   من أجل قضايانا الشخصية والروحية.

7-   من أجل توسيع حدود منظمتنا.

8-   من أجل شحذ همم العاملين في المنظمة نحو التزام وتفاعل أكثر في العمل.

9-   من أجل الاستقلالية والتحرر.

10-   من أجل التفاعل الأوسع مع المجتمع.

11-   من أجل التعرف الأشمل على حقيقة التفاعل فيما بين الأنشطة التنظيمية.

12-   لأن الوقت يتطلب ذلك.

كذلك يضيف مؤيد السالم أمورا أخرى تبرز أهمية هذا النوع من المنظمات كالتالي:

1- إن منظمات التعلم تعزز الأمل في نفوس العاملين في أن الأشياء ستكون أفضل في المستقبل.

2- تهيئ منظمات التعلم للعاملين مناخا ملائما لأفكارهم الخلاقة Creative Ideas .

3- تقدم للعاملين مكانا آمنا لتبني المخاطر الناجمة عن استخدام الأفكار الجديدة والسلوكيات والتحديات المطلوبة لتجاوز الواقع واكتشاف المجهول.

4- وفي منظمة التعلم يتم احترام آراء كل شخص، وأن الكمية التي يستطيع تقديمها لا تتحدد أهميتها بمركزه الوظيفي، بل بما تملكه من أهمية في حد ذاتها.

أسس تصميم منظمة تتعلم

يشير سيد الهواري في كتابه عن «الإدارة: الأصول والأسس العلمية للقرن الحادي والعشرين» والمنشور عام 2000 إلى أن تصميم منظمة تتعلم يعني إحداث تعديلات معينة هي:

1- أن تكون القيادة قيادة تحويلية Transformational Leadership أي قيادة ذات رؤية وظيفتهم تصميم التغيير وتعليم البشر بدون أنانية.

2- تنظيم مفرطح مدمج Compact Organization والصلاحيات قرب التنفيذ وفرق العمل مداره ذاتيا ونظم عمل جيدة (معاد هندستها).

3- تمكين الموارد البشرية وزيادة قدراتهم على اتخاذ القرارات Empowered Employees.

4- المعلومات متاحة لكل الناس لمساعدتها في اتخاذ القرارات Shared Information.

5- توافر حضارة تنظيمية قوية (حضارة إنجاز)(Strong Culture (Achievement Culture.

6- اشتراك العاملين في تكوين الإستراتيجية الناشئة.Emergent Strategy.

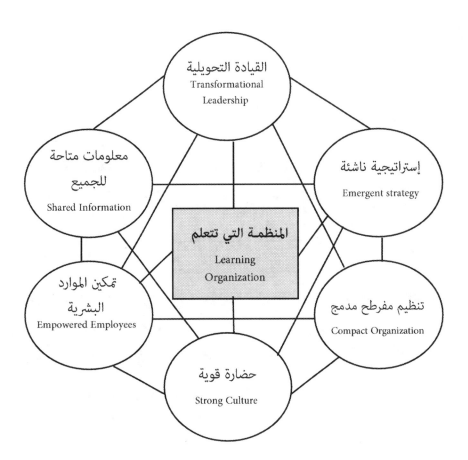

شكل رقم (7)

العناصر التي تتكون منها المنظمة التي تتعلم

ويؤكد سيد الهواري بأن القيادة التحويلية هي الوسيلة الوحيدة التي من خلالها يمكن لأي منظمة أن تصبح منظمة تتعلم ؛ فهم بمثابة المصممون والمعلمون الذين وهبوا أنفسهم لبناء منظمة من نوع جديد. وهم لذلك يشجعون عملية «تمكين» الموارد البشرية ويجعلون المعلومات متاحة للجميع ويشركون الموظفين في صياغة الإستراتيجية الناشئة ويعملون على تقوية حضارة المنظمة.. وباختصار فإن المنظمة التي تتعلم هي التي تدار بالأسس الجديدة السابق الإشارة إليها، وتكون مرنة لاستيعاب الظروف الجديدة.

استقصاء

بناء المنظمة التي تتعلم في مكان عملك

وضع جينفر جوي Jennifer Joy وزملاؤه (2004) قائمة المراجعة التالية كوسيلة للتفكير من منظور عملي فيما يمكنك أن تقوم به للبناء في المكان الذي تعمل فيه. ضع علامة أمام كل بند تحت (Yes) إذا كنت تقوم بالعمل المذكور في البند و (No) إذا كنت لا تقوم به و(؟) إذا لم تكن متأكدا و (D) Do not Know إذا كنت لا تعرف.

انسخ صورة ضوئية للاستبيان وأعط نسخة لكل واحد من موظفيك واطلب منهم إعطاءك تغذية عكسية.

يساعد هذا النوع من المناقشة في حد ذاته على إحداث مناخ المنظمة التي تتعلم، ويتيح إمكانية حدوث تغذية عكسية صاعدة وتفتح ذهني إزاء إخضاع وجهات نظرك للبحث والدراسة ومدخل مشترك لصنع التحسين.

1- إقرار الإستراتيجية وتبينها بالتشاور مع الموظفين.

☐ Y ☐ N ☐ ? ☐ D

2- تجربة استراتيجيات جديدة مع العاملين والتشاور معهم بشأن تأثيرها.

☐ Y ☐ N ☐ ? ☐ D

3- الاشتراك في اتخاذ القرارات المتصلة بالسياسة.

☐ Y ☐ N ☐ ? ☐ D

4- تشجيع النقاش المفتوح والتعبير عن الاختلاف في وجهات النظر.

☐ Y ☐ N ☐ ? ☐ D

5- توفير أقصى قدر ممكن من المعلومات للجميع.

☐ Y ☐ N ☐ ? ☐ D

6- تشجيع الآخرين على استخدام هذه المعلومات لاتخاذ القرارات.

❑ D   ❑ ?   ❑ N   ❑ Y

7- صمم نظام المعلومات يكون استخدامها سهلا وممتعا.

❑ D   ❑ ?   ❑ N   ❑ Y

8- استخدم نظم المحاسبة والرقابة على نحو يشجع الرقابة على الذات.

❑ D   ❑ ?   ❑ N   ❑ Y

9- تشجيع هذا الجزء من المنظمة على النظر لنفسه كمورد داخلي للأجزاء الأخرى.

❑ D   ❑ ?   ❑ N   ❑ Y

10- رؤية المديرين «كمقدمي خدمة إدارة داخلية» للمتعاملين.

❑ D   ❑ ?   ❑ N   ❑ Y

11- مكافأة الموظفين بشكل عادل في حدود السلطة الممنوحة لي.

❑ D   ❑ ?   ❑ N   ❑ Y

12- تغيير الهياكل والأدوار لتمكين حدوث التعلم والنمو.

❑ D   ❑ ?   ❑ N   ❑ Y

13- تنظيم مبادلات وظيفية.

❑ D   ❑ ?   ❑ N   ❑ Y

14- التشاور من الموظفين المتصلين بالعملاء الداخليين والخارجيين بشأن خدمتنا.

❑ D   ❑ ?   ❑ N   ❑ Y

15- تعلم وتطبيق الأفكار المنتجة في أماكن أخرى.

❑ D   ❑ ?   ❑ N   ❑ Y

16- استخدام الأخطاء والنجاحات كفرص للتعلم.

☐ D   ☐ ?   ☐ N   ☐ Y

17- عدم اللوم.

☐ D   ☐ ?   ☐ N   ☐ Y

18- التسليم بان الأفراد يبذلون قصارى جهدهم.

☐ D   ☐ ?   ☐ N   ☐ Y

19- تشجيع العاملين على دراسة وإعطاء تغذية مرتدة عن أعمال المديرين.

☐ D   ☐ ?   ☐ N   ☐ Y

20- تشجيع العاملين على تأمل سلوكهم والتفكير فيه.

☐ D   ☐ ?   ☐ N   ☐ Y

21- توفير موارد التعلم لجميع العاملين.

☐ D   ☐ ?   ☐ N   ☐ Y

22- تشجيع العاملين على وضع أهداف للتعلم قبل البدء في نشاط التعلم.

☐ D   ☐ ?   ☐ N   ☐ Y

23- مراجعة التعلم وتخطيط العمل مع العاملين بعد نشاط التعلم.

☐ D   ☐ ?   ☐ N   ☐ Y

24- تشجيع العاملين على وضع خطة تنمية لأنفسهم بصورة منتظمة.

☐ D   ☐ ?   ☐ N   ☐ Y

25- تقييم تأثيرات تنمية التعلم / التدريب بصورة منتظمة.

☐ D   ☐ ?   ☐ N   ☐ Y

مقياس التشخيص الجانبي (بروفيل) للمنظمة التي تتعلم

قدم مؤيد السالم هذا المقياس في كتابه عن «منظمات التعلم» والمنشور عام 2005.

مصمم المقياس

الجمعية الأمريكية للتدريب والتطوير.

The American Society for Training and Development (ASTD).

السنة

1998 ثم أعيد تحديثه سنة 2002.

هدف المقياس

تقديم تشخيص جانبي (بروفيل) لمنظمة التعلم.

وصف المقياس

يتكون المقياس من خمس أبعاد في كل منها خمسة أسئلة، وبذلك يكون مجموع الأسئلة (25) سؤالا.

تصحيح المقياس

تعتمد طريقة التصحيح على مدى استجابة المستجيب لبديل واحد من بين أربعة بدائل:

- تستخدم بشكل كامل   =   4 درجات.
- تستخدم بشكل كثير   =   3 درجات.
- تستخدم بشكل متوسط   =   درجتين.
- تستخدم بشكل قليل   =   درجة واحدة.

وبذلك فإن أعلى مجموع هو (100) درجة وأقل مجموع هو (25) درجة.

مصدر المقياس

The American Society for Training and Development (ASTD).

فقرات المقياس

أولا ـ حركية التعلم

1- يتجنب العاملون تعريف المعلومات وعرقلة قنوات الاتصال.

2- لقد تم تشجيعنا وتتوقع المنظمة أن نكون قادرين على إدارة أمورنا في مجالات التعلم والتطوير.

3- لقد قامت المنظمة بتدريب الأفراد وتعليمهم كيف يتعلمون.

4- يستخدم الأفراد والمجموعات أساليب التعلم بالممارسة.

5- يستطيع الأفراد التفكير والعمل بأسلوب النظم.

ثانيا- تحول المنظمة

1- يعمل المديرون على دعم رؤية منظمة التعلم.

2- لدينا مناخ تنظيمي داعم ومدرك لأهمية التعلم.

3- توجد فرص للتعلم في العمليات التنفيذية والبرامج المختلفة.

4- تمتلك المنظمة مستويات إدارية قليلة بغرض تحقيق سعة في الاتصالات والتعلم في جميع المستويات التنظيمية.

5- نتعلم من حالات الفشل مثلما نتعلم من حالات النجاح.

ثالثا- تمكين العاملين

1- نبذل قصارى جهودنا من أجل تطوير وتدعيم الأفراد ليكونوا قادرين على التعلم والإنجاز.

2- الصلاحيات لا مركزية ويتم تخويلها إلى الآخرين.

3- يمارس المديرون أدوار التدريب ويقدمون الاستشارات والتسهيلات الضرورية للتعلم.

4- نتبادل المعلومات مع العملاء بشكل جيد للحصول على آرائهم بخصوص التعلم وتحسين السلع والخدمات.

5- نشرك في عملية التعليم الجهات الخارجية كالموردين والجمعيات العلمية والمهنية والمجتمع المحلي.

رابعا- إدارة المعرفة

1- يقارن العاملون السلع التي ينتجونها مع السلع التي تنتجها الشركات المنافسة والمتميزة من أجل التعلم.

2- تم تدريب العاملين في الشركة على مهارات التفكير الإبداعي والتجريب.

3- نقوم بإيجاد مشروعات استعراضية نختبر فيها الأساليب الجديدة التي أدخلناها على السلع والخدمات الخاصة بها.

4- لدينا من النظم والبنى الهيكلية ما يضمن تصنيف المعرفة المهمة وخزنها وإتاحتها لمن يحتاجها ويقدر على استخدامها.

5- نطور باستمرار استراتيجياتنا وأساليب المشاركة في المعلومات بالمنظمة.

خامسا- استخدام التكنولوجيا

1- لدينا قاعدة نظم معلومات فاعلة وذات كفاءة.

2- يستطيع العاملون الدخول إلى شبكة المعلومات من خارج الشركة.

3- تتوافر النظم الإلكترونية متعددة الأغراض في جميع التسهيلات الخاصة بالتعلم، كالتدريب وقاعات المؤتمرات.. إلخ.

4- تساعدنا نظم التعلم الإلكتروني في التعلم وإنجاز الأداء بصورة أفضل.

5- نشجع التعلم الآني الذي يكامل بين نظم التعلم المتقدمة والتدريب وواقع العمل في عملية مبسطة.

تفسير النتائج

1- إذا حصلت المنظمة على مجموع بين (81 - 100) تكون المنظمة قد قطعت شوطا كبيرا في مجالات التعلم.

2- وإذا كان المجموع بين (61 ـ 80) فهذا يعني أن المنظمة تمتلك أساسا قويا للمضي في التعلم والارتقاء به.

3- وإذا جاءت الإجابة بين (41 ـ 60) درجة فيعني بداية جيدة، إذ استطاعت أن تهتم ببعض الفقرات الأساسية في التعلم.

4- أما إذا حصلت على ما دون (41) درجة فيعني أنها في أزمة حقيقية، وهي في حاجة ماسة إلى إجراء تغييرات أساسية في الكثير من الأمور الأساسية ذات العلاقة التعلم التنظيمي.

استقصاء

سلوكيات المنظمة التي تتعلم

وضع جنيفر جوي Jennifer Joy وزملاؤه استقصاء ذاتي عن سلوكيات المنظمة التي تتعلم، يساعدك في تحديد مدى الرضا والأهمية عن هذه السلوكيات:

1- امتلاك معلومات جيدة للجودة عن النتائج.

الرضا ❑ الأهمية ❑

2- امتلاك معلومات جيدة للجودة عن رضا العاملين.

الرضا ❑ الأهمية ❑

3- امتلاك معلومات جيدة للجودة عن رضا العملاء.

الرضا ❑ الأهمية ❑

4- امتلاك معلومات جيدة للجودة عن رضا العاملين.

الرضا ❑ الأهمية ❑

5- امتلاك معايير محددة للعمل.

الرضا ❑ الأهمية ❑

6- معرفة متى ننحرف عن معايير العمل.

الرضا ❑ الأهمية ❑

7- امتلاك الوسائل اللازمة لمراجعة النتائج مع العاملين.

الرضا ❑ الأهمية ❑

8- امتلاك الوسائل اللازمة لمراجعة المعايير مع العاملين.

الرضا ❑ الأهمية ❑

9- امتلاك الوسائل اللازمة لمراجعة الرضا مع العاملين.

الرضا ❑ الأهميـة ❑

10- امتلاك الوسائل اللازمة لمراجعة الرضا مع العملاء.

الرضا ❑ الأهميـة ❑

11- امتلاك الوسائل اللازمة لمراجعة الرضا مع العاملين.

الرضا ❑ الأهميـة ❑

12- امتلاك الوسائل الكفيلة بتحسين النتائج بصورة متواصلة.

الرضا ❑ الأهميـة ❑

13- امتلاك الوسائل الكفيلة بتحسين المعايير بصورة متواصلة.

الرضا ❑ الأهميـة ❑

14- امتلاك الوسائل الكفيلة بتحديد الغاية والرؤية المحورية والتكيف إذا لزم الأمر.

الرضا ❑ الأهميـة ❑

15- امتلاك الوسائل اللازمة للاشتراك في الغاية والرؤية ودراستهما.

الرضا ❑ الأهميـة ❑

16- امتلاك عمليات يستطيع العاملون والمديرون من خلالها التعلم من الخبرة والأخطاء.

الرضا ❑ الأهميـة ❑

17- امتلاك الوسائل اللازمة للتعلم من الموردين.

الرضا ❑ الأهميـة ❑

18- امتلاك الوسائل اللازمة للتعلم من العملاء.

الرضا ❑ الأهميـة ❑

19- امتلاك وسائل وفيرة لتعلم العاملين.

الرضا ❑ الأهميـة ❑

20- امتلاك القدرة على التأثير في المجتمع الذي نعيش فيه.

الرضا ❑ الأهميـة ❑

ناقش نتائج هذا الاستقصاء مع زملاءك ورؤسائك، واستخرجوا النتائج، ثم استفيدوا منها في تحسين وتدعيم سلوكيات المنظمة تجاه عملية التعلم والمعرفة والتدريب.

استقصاء

ما مدى حسن مساندة بيئتك التنظيمية للتعلم ؟

استخدم الاستقصاء التالي والمأخوذ عن بيدلر M. J. Pedler وآخرون (1991) لتحليل بيئة تعلمك التنظيمية، وليكن تقييمك لكل بند هو جيد أو كافٍ أو ضعيف:

- **البيئة المادية:** المساحة، الوقت، الإضاءة، الخصوصية، مستويات الضوضاء، درجة الحرارة، التهوية.
- **موارد التعلم:** موظفو التدريب، البرامج، الكتب، المعدات، وسائط تكنولوجيا المعلومات.
- **التشجيع:** الاهتمام بالأفكار الجديدة، تحمل المخاطر، التجريب.
- الاتصالات: التعبير عن الأفكار والآراء سهل ومفتوح، السرية.
- المكافآت: تكريم العمل الجيد واللوم والعقاب على الأخطاء.
- المطابقة: القواعد، المعايير، اللوائح، السياسات، التفكير الحر.
- المساعدة العملية: معارف ومهارات الزملاء واستعدادهم لتقديم المساعدة.
- الدفء والمساندة: مكان ودود وجيد للعمل.
- المعايير: الجودة، معايير متحدية أو دنيا؟

هل ستكون النتائج واحدة في الأجزاء الأخرى من المنظمة؟ ما تفسير ذلك؟

استقصاء

مدى استعداد المنظمة للتعلم

وضع كل من جنيفر جوي Jennifer Joy وزملاؤه هذا الاستقصاء. وأكدوا أن المنظمات ـ مثل الأفراد ـ تختلف من حيث استعدادها للتعلم، فبعضها يكون أكثر انغلاقا وحذرا، ويتوق البعض الآخر إلى اكتساب معارف جديدة ويرحب بالمنظورات غير المألوفة.

من فضلك ضع علامة (✓) عندما تنطبق أو لا تنطبق العبارة على المنظمة التي تعمل بها:

1- لدينا رؤية قوية للمستقبل.

تنطبق علينا تماما ❑ تنطبق علينا ❑
لا تنطبق علينا ❑ لا تنطبق علينا تماما ❑

2- تعترف رؤيتنا بالقيم والهويات القديمة إلى جانب الإمكانيات الجديدة.

تنطبق علينا تماما ❑ تنطبق علينا ❑
لا تنطبق علينا ❑ لا تنطبق علينا تماما ❑

3- نحن نشرك أكبر عدد ممكن من الأفراد في العملية من أجل التوصل إلى رؤيتنا والقرارات الهامة الأخرى.

تنطبق علينا تماما ❑ تنطبق علينا ❑
لا تنطبق علينا ❑ لا تنطبق علينا تماما ❑

4- لدينا اهتمام قوي بالتعليم والتنمية الذاتية لجميع الأفراد في هذه المنظمة.

تنطبق علينا تماما ❑ تنطبق علينا ❑
لا تنطبق علينا ❑ لا تنطبق علينا تماما ❑

5-   التعلم والمساهمة وليس المركز أو المكانة هما اللذان يكافآن هنا.

☐ تنطبق علينا تماما   ☐ تنطبق علينا

☐ لا تنطبق علينا   ☐ لا تنطبق علينا تماما

6-   نحن نشجع التجارب والمشروعات التجريبية إلى جانب فهم الحاجة إلى الالتزام بغايتنا الرئيسية. .

☐ تنطبق علينا تماما   ☐ تنطبق علينا

☐ لا تنطبق علينا   ☐ لا تنطبق علينا تماما

7-   نحن نعتمد بدرجة كبيرة على شركاء العمل الموثوقين في تقديم أفضل خدماتنا ومنتجاتنا.

☐ تنطبق علينا تماما   ☐ تنطبق علينا

☐ لا تنطبق علينا   ☐ لا تنطبق علينا تماما

كلما ازداد عدد عبارات «تنطبق علينا تماما» ازداد احتمال أن تتوافر لديك الظروف المساندة لتحقيق المزيد من التعلم الفردي والتنظيمي. وكلما ازداد عدد عبارات «لا تنطبق علينا على الإطلاق»، كان ذلك يعني أن أمامك عملا أكثر يجب أن تقدم به لتحسين استعداد منظمتك للتعلم.

القائد / المتعلم

يؤكد سكاين Schein (1992): أن أكثر أدوار القيادة تحديا وصعوبة في ثقافة الإدارة هو ذلك الدور الذي يحاول فيه القائد إقامة منظمة تسعى إلى التعلم المستمر.. فالقائد المتعلم يجب أن يعطي العاملين معه الثقة في أن الاشتراك النشط في حل المشكلات يؤدي إلى التعلم، ومن ثم فإنه يعطي القدوة المناسبة لبقية أعضاء المنظمة.. وأصعب مشكلة تواجه القادة المتعلمين هو كيف يعالجون ما قد يوجد لديهم من نقص في الخبرة والحنكة.. والطريقة الوحيدة لبناء ثقافة قائمة على التعلم تستمر فيها عملية التعلم

بشكل دائم هي أن يدرك القادة أنفسهم أنهم لا يعرفون كل شيء ويجب أن يعلموا الآخرين أن يتقبلوا حقيقة أنهم لا يعرفون كل شيء. ومن ثم تكون مهمة التعليم مسئولية مشتركة بين الجميع.

ويصف بيني Binney ووليامز Williams (1995) القادة الناجحين بأنه الأشخاص الذين يقودون ويتعلمون ـ فهم يقودون انطلاقا من ثقتهم بما لديهم من معرفة ولكنهم يتقبلون في نفس الوقت التحديات والأفكار الجديدة بصدر رحب. وهو يؤكد أن مثل هؤلاء القادة يتمتعون بأربع خصائص هي كالتالي:

1- المصداقية العملية: أي أن لديهم فهما عميقا للعمل، ونواتجه والقضايا المتعلقة به.

2- الارتباط بالمنظمات التي يعملون فيها: أي أن تكون هناك روابط وثيقة تربط بينهم وبين موظفي المؤسسة وعملائها.

3- القيادة بالقدوة: إذا كان القادة يقولون لمرؤوسيهم «افعلوا كما أقول لكم»، ولا يقولون لهم «افعلوا كما أفعل» فإنه بلا شك سيفشلون في مهامهم.

4- الحفاظ على التماسك والثبات تحت الضغط: أي تكون قدرتهم على نقل الأخبار السيئة مثل قدرتهم على نقل الأخبار الطيبة.

دور القائد المتعلم

حدد فيليب سادلر Philip Sadler (2003) خمسة جوانب لدور القائد المتعلم في منظمات التعلم هي:

1- الرغبة: لا في الاستمرار في التعلم فحسب ولكن أيضا في تناول هذه القضية بصراحة وبعقلية متفتحة، وتشجيع الآخرين على أن يحذوا حذو القائد ويوضحوا أنه لا فائدة من الجلوس انتظارا لأن يأتي القائد بالإجابات عن الأسئلة.

2- التشجيع على التعلم: عن طريق طرح أسئلة صعبة تثير التحدي. وعن طريق إثارة الفضول الفكري.

98

3- **القدرة على تسهيل تعلم الآخرين:** وذلك بأن يقوم القائد بدور المدرب والمرشد وعن طريق تقديم الحوافز المناسبة وبرامج التدريب والتطوير، وإقامة المنظمات التي تشجع على التعلم مثل مراكز مصادر المعرفة.

4- **دعم وتعزيز الثقافة المشجعة على التعلم:** والخصائص الرئيسية لمثل هذه الثقافة تتضمن: التسامح مع الأخطاء وتفادي توجيه اللوم، وعدم وجود موقف عدائي تجاه المخترعات والابتكارات التي تمت في أماكن أخرى، وجود مستوى عال من التكامل بين الوظائف المختلفة والأقسام المختلفة، وتشجيع العضوية النشطة في النقابات المهنية، والتركيز القوي على السلطة التي تستند إلى الكفاءة والخبرة لا على المستوى الوظيفي أو السلطة التي يمنحها المنصب.

5- **تنمية ميكانيزمات (آليات) نقل التعلم:** من الأفراد والفرق إلى المخزون المعرفي والخبراتي للمنظمة ككل.

المعلومات ونظم المعلومات

أشتمل هذا الفصل على:

- مقدمــة.
- أدوات إنتاج المعلومات.
- مصادر المعلومات.
- أنواع المعلومات.
- خصائص المعلومات الجيدة.
- أهمية المعلومات.
- نظم المعلومات.
- ما هي المعلومات.
- أنواع نظم المعلومات.
- أهداف نظم المعلومات الإدارية.

مقدمة

عصر المعرفة، عصر الإبداع، عصر التكنولوجيا، كلها مسميات لعصر متأجج بالحركات الفكرية والثورات العلمية المتلاحقة، التي جعلت من التغيير الحتمية الوحيدة في حياتنا، وجعلت من العالم بناء واحدا متراميِ الأبعاد يموج بالتيارات المتعارضة أحيانا والمنفعة أحيانا أخرى.

ونحن أيضا في عصر المعلومات Information Age وذلك نظرا لما نراه من النمو السريع في المعلومات والمعارف من حولنا. فعلى مستوى العالم فإن كمية المعلومات تتضاعف كل خمس سنوات.

وإدارة المعرفة لا يمكن تحقيقها بدون الاستفادة من المعلومات وتكنولوجيا المعلومات، لكن التكنولوجيا ليست المعرفة، فالتكنولوجيا مجرد وسيلة لتخزينها والاشتراك فيها واسترجاعها.

الحقائق والبيانات والمعلومات

الحقائق Facts

هي وقائع تمثل واقع الأمر، سواء كانت ذات صفة شخصية تختص بأشخاص معينين في المؤسسة، أو كانت ذات صفة مؤسسية ناتجة من ممارسة نشاط المؤسسة، أو كانت ذات صفة بيئية تمثل واقع الأمور في البيئة المحيطة بالمؤسسة.

البيانات Data

هي مجموعة من الحقائق الأولية أو الخام Raw Facts التي يتم تسجيلها بواسطة رموز Symbols معينة (كلمات، حروف، أشكال، أرقام..) بحيث يمكن الرجوع إليها في وقت لاحق مثل: عدد وأسماء العاملين، عدد ساعات العمل في الأسبوع، عدد مرات الغياب، عدد وأسماء المراجعين..

102

ويتم تنظيم هذه الحقائق الخام وترتيبها بأسلوب أو بطريقة هادفة ذات معنى، فتصبح بذلك معلومات. فالبيانات هي مدخلات Inputs لنظام مخرجاته المعلومات.

المعلومات Information

هي حقائق غير يقينية بل هي احتمالية ونسبية، أيضا المعلومات هي مجموعة البيانات المنظمة بطريقة هادفة، بما يجعل لها قيمة إضافية على قيمة البيانات نفسها.

فالمعلومات هي نتاج معالجة البيانات Data Processing بهدف خلق وزيادة المعرفة لمتخذ القرار بما يمكنه من الحكم السديد على واقع الأمور واتجاهاته المستقبلية. وبذلك فإن البيانات هي المادة الخام للمعلومات، والاحتفاظ بهذه الحقائق والبيانات والمعلومات وتحديثها شيء هام ومحوري لتحسين أي عمل.

والشكل رقم (8) يوضح ترتيب هذه المفاهيم السابق ذكرها وكيف أن الوصول إلى المعلومات يوفر لنا المعرفة المطلوبة للفهم والتخطيط واتخاذ القرارات وتنفيذ وتقويم العمل في مختلف مجالات النشاط البشري، سواء الاقتصادية أو الاجتماعية أو السياسية أو العسكرية...، وإجراء البحوث الأساسية والتطبيقية في مجالي الخدمات والإنتاج.

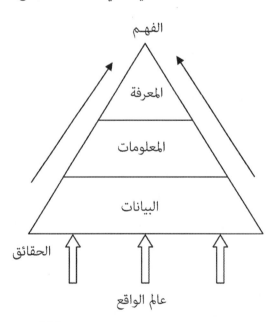

شكل رقم (8)
هرم المعرفة

103

وكما سبق القول فإن الهدف من جمع الحقائق والبيانات والمعلومات هو تحقيق المعرفة.

أدوات إنتاج المعلومات

هذا ويمكن إنتاج المعلومات Information Production عن طريق استخدام أدوات عديدة نذكر منها:

1- الاتصال المباشر والدائم مع كل نظم المؤسسة (مثل: نظام الأفراد ونظام التشغيل ونظام الشئون المالية،....).

2- إجراء البحوث والدراسات الميدانية.

3- الملاحظة بالمشاركة.

4- المقابلات.

5- الاستبيانات واستطلاعات الرأي.

6- استخدام الحاسب الآلي.

7- إجراء التجارب الميدانية.

8- إجراء التجارب المعملية.

مصادر المعلومات

ويمكن الحصول على المعلومات من مصادر عديدة نذكر منها:

1- مصادر داخلية ومصادر خارجية.

2- مصادر مباشرة ومصادر غير مباشرة.

3- مصادر أولية ومصادر ثانوية.

4- مصادر سرية ومصادر غير سرية.

5- مصادر رسمية ومصادر غير رسمية.

6- مصادر أمنية وغير أمنية.

7- مصادر موثوق بها ومصادر غير موثوق بها.

8- مصادر قطرية ومصادر إقليمية ومصادر دولية.

أنواع المعلومات

1- معلومات (حسب فائدتها لمستويات الإدارة)

• إدارية	Managerial
• تنفيذية	Executive
• مكتبية	Office

2- معلومات (حسب مصدرها)

• داخليــة	Internal
• خارجيـة	External

3- معلومات (حسب طبيعتها)

• ذات طبيعة مختصرة	Historical
• ذات طبيعة حاضرة	Online /current
• ذات طبيعة مستقبلية	Predicative

4- معلومات (حسب درجة رسميتها)

• بيانات رسمية	Formal
• بيانات غير رسمية	Informal

5- معلومات (حسب نوعها)

• كميــة	Quantitative
• غير كمية	Qualitative

105

6- **معلومات (حسب إمكانية الحصول عليها)**
- متاحة   Available
- ممكنة   Possible
- غير متاحة   Not Available

7- **معلومات (حسب فائدتها)**
- معلومات جيدة   Good
- معلومات رديئة   Bad

خصائص المعلومات الجيدة

يمكن أن نقول إن المعلومات الجيدة هي التي تتصف بالخصائص التالية:

1- دقيقة Accurate.

2- اقتصادية Economical.

3- مرنة Flexible (قدرتها على التشكل).

4- لها صفة الثبات (أي يمكن الاعتماد عليها والثقة فيها) Reliable.

5- الوضوح Clarity.

6- في وقتها Timely (Fresh + New).

7- يمكن التحقق من صدقها Verifiable.

8- عدم التحيز Free form Bias.

وتضيف سارة وستاسي خصائص أخرى هي كالتالي:

1- مرتبطة أو متصلة Relevant / Related.

2- يمكن استخدامها والاستفادة منها Useful.

3- أهميتها متناسبة مع تكلفتها Cost Effective.

106

كذلك يضيف بريسون خصائص أخرى هي:

1- الملائمة Appropriateness.

2- الشمول Comprehensiveness.

3- إمكانية الوصول إليها Accessibility.

أيضا يضيف نبيل علي خصائص أخرى هي:

1- السيولة.

2- قابليتها للنقل والاندماج.

3- قابليتها للنمو مع الاستخدام.

4- سهولة نسخها.

5- قابليتها للتقوية والفرز.

أهمية المعلومات

هذا ويمكن تحديد أهمية المعلومات لأي منظمة أو مهنة في النقاط التالية على سبيل المثال:

1- في اتخاذ القرارات.

2- في تحسين العمل.

3- في التقويم.

4- في المحاسبية Accountability.

5- في ترشيد استخدام الموارد.

6- في وضع الخطط والبرامج.

7- في وضع الميزانيات.

8- في التنبؤ بالمستقبل.

9- في عمليات مواجهة المشكلات.

فعلى سبيل المثال فيما يتعلق باتخاذ القرارات فإن المعلومات تعتبر هي أساس أي قرار يتخذه أي مسئول، وبقدر توافر المعلومات المناسبة في الوقت المناسب للمسئول بقدر ما تكون دقة القرار وصحته، لذلك فإن المعلومات هي الفيصل بين الإدارة بالتجربة والخطأ والإدارة الرشيدة، فالمعلومات تخدم المدير متخذ القرار في تحديد البدائل الممكنة. وبالتالي اتخاذ القرار المناسب، وبدون هذه المعلومات فإن النتيجة تكون نوعا من العشوائية في اتخاذ القرارات. ويمكن القول أن القرار الرشيد يعتمد بنسبة 90% على المعلومات، و10% على سرعة البديهة وقوة الشخصية.

وعند توافر المعلومات لدى المدير متخذ القرار فإن ذلك يحقق عددا من الفوائد:

1- القدرة على الاستفادة من المعلومات المنافسة والخبرات السابقة.

2- ترشيد وتنسيق ما يبذل من جهد في البحث والتطوير على ضوء ما هو متاح من معلومات.

3- تكوين قاعدة معرفية لحل المشكلات.

4- توفير بدائل وأساليب حديثة لحل المشكلات، واختبارات تحد من هذه المشكلات في المستقبل.

5- رفع مستوى فاعلية وكفاءة الأنشطة التي تقوم بها المنظمات.

نظم المعلومات

ما هي نظم المعلومات ؟

يقصد بكلمة نظام System مجموعة من العناصر المتفاعلة معا (المتساندة بنائيا والمتكاملة وظيفيا) لإنجاز هدف معين باستخدام الموارد بأنواعها. بمعنى أن النظام هو كل مركب من مجموعة من الأجزاء المتفاعلة والمعتمدة على بعضها البعض والتي تهدف إلى تحقيق هدف مشترك.

ونظام المعلومات Information System: هو مجموعة من العناصر والمكونات المترابطة معا، والتي تجمع الحقائق والبيانات، وتعالجها وتخزنها، وتقدم المعلومات المطلوبة والمناسبة والجيدة منها.

بمعنى أن نظام المعلومات هو مجموعة من القواعد والإجراءات المحددة والمصممة والمحتفظ بها ليستخدمها الأفراد بمساعدة التكنولوجيا الخاصة بتجهيز المعلومات وذلك بغرض تقديم معلومات للإدارة وللبحوث الأساسية والتطبيقية.

ونظم المعلومات هي بمثابة الشبكة العصبية التي تعمل من خلالها النظم الأخرى مثل: (نظام الأفراد، نظام التشغيل، نظام التسويق، نظام التمويل...)، وبدونها تفشل النظم الأخرى في أداء عملها. فهي بمثابة الشرايين والأوردة التي من خلالها تتدفق المعلومات بين الأنظمة الفرعية وحولها.

أنواع نظم المعلومات

يمكن تقسيم نظم المعلومات إلى نوعين هما:

1- نظم المعلومات التقليدية أو ذات التشغيل اليدوي Manual.

2- نظم المعلومات المرتبطة بالحاسب الآلي أو ذات المعالجة الإلكترونية Electronic Processing.

المكونات الأساسية لنظام المعلومات المرتبط بالحاسب الآلي

يمكن تحديد هذه المكونات كالتالي:

1- المدخلات Inputs

وهي مجموعة البيانات التي يتم تجميعها من داخل المنشأة أو من الهيئة المحيطة ويتم إدخالها إلى النظام.

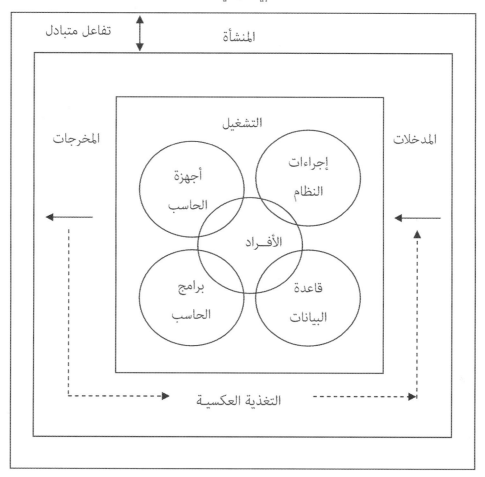

شكل رقم (9)

المكونات الأساسية لنظام المعلومات المرتبط بالحاسب الآلي

2- **التشغيل** Processing

ويتم هنا تحويل البيانات إلى معلومات باستخدام عناصر تكنولوجيا معالجة المعلومات التالية:

أ - أجهزة الحاسب	Hardware
ب- برنامج الحاسب	Software
ج- قاعدة البيانات	Data Base
د- إجراءات النظام	System Procedures
هـ- الأفراد	Staff

3- **المخرجات Outputs**

وهي مجموعة المعلومات المطلوب الحصول عليها من نظام المعلومات.

4- **التغذية العكسية أو المرتدة Feedback**

وهي عملية إرجاع نتيجة تقييم المعلومات التي تم الحصول عليها من المخرجات، بما يفيد في تحسين نوعية المدخلات والذي يؤدي بدوره إلى تحسين نوعية المخرجات.

المشكلات التي تواجه نظم المعلومات التقليدية

تواجه جميع المنظمات الحديثة اليوم بمتطلبات عديدة مثل: المعلومات المتزايدة والنمو المطرد في حجم البيانات المراد معالجتها، وقد أدى ذلك إلى تحول منشآت عديدة إلى المعالجة الإلكترونية للمعلومات.

فعلى سبيل المثال تواجه معظم المنظمات نموا متزايدا في الحجم، وصعوبات كبيرة في مجال أنشطتها، حيث تقدم العديد من المنتجات والخدمات المتنوعة لمجموعة متعددة من العملاء والمستهلكين في أسواق ومواقع متباينة بالإضافة إلى وجود تزايد مستمر في حجم العاملين بالمنشأة.

هذا ولقد أصبح استخدام الحاسبات الآلية في معالجة المعلومات في بعض المنشآت احتياجا مطلقا. فمثلا في البنوك وشركات الطيران وكثير من المؤسسات والشركات والمصانع الكبرى لا تستطيع أن تعمل بدون نظم المعلومات المعالجة إلكترونيا.

هذا ويمكن تحديد بعض المشكلات التي تواجه نظم المعلومات التقليدية في الآتي:

- تأخر تسجيل البيانات الحديثة.

- ضخامة كمية الأوراق التي تسجل عليها البيانات.؟

- الاحتفاظ بأرشيف ضخم من الملفات (الدوسيهات) وصعوبة صيانتها.

- الازدواج في الاحتفاظ بالبيانات.

- صعوبة المحافظة على سرية البيانات إلا بوضعها في خزائن حديدية.

- بطء تحليل البيانات للحصول على المعلومات.

- بطء نقل البيانات من مكان إلى آخر.

- ارتفاع احتمالات الخطأ في جمع وتحليل وتخزين البيانات بسبب الاعتماد على العنصر البشري.

- ارتفاع تكاليف جمع تحليل وتخزين البيانات.

- زيادة حجم العمالة الكتابية وما يستتبعها من مشكلات الأفراد.

المهام المنفذة بواسطة نظم المعلومات المعالجة إلكترونيا

يمكن تقسيم نظم المعلومات المعالجة إلكترونيا إلى أربعة أنواع رئيسية هي:

- نظم دعم القرارات   DSS.

- نظم المعلومات الإدارية   MIS.

- نظم المعلومات التشغيلية OIS .

- نظم المكاتب الآلية   AOS.

ويوضح الشكل (10) المستويات الإدارية في أي منشأة وما يقابل كل مستوى من نظم المعلومات المناسبة له.

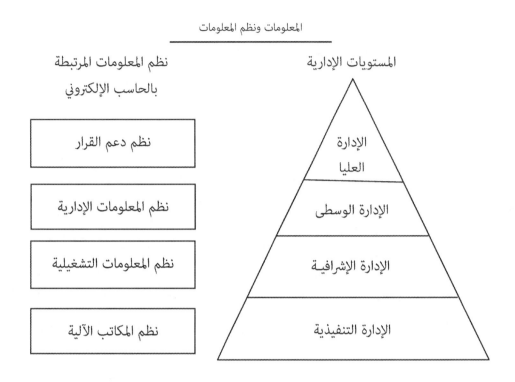

| نظم المعلومات المرتبطة بالحاسب الإلكتروني | المستويات الإدارية |

شكل رقم (10)

الرؤية الهرمية لنظم المعلومات المرتبطة بالحاسب الإلكتروني

ويوضح الشكل رقم (11) بعض المهام التي يتم تنفيذها بواسطة النظم المختلفة لنظم المعلومات المعالجة إلكترونيا داخل المنشأة. حيث تساعد نظم دعم القرارات الإستراتيجية الإدارة العليا. وتقوم نظم المعلومات الإدارية بتوفير المعلومات والتقارير الإدارية لأنشطة التخطيط والرقابة واتخاذ القرارات الروتينية السهلة. وتقوم نظم المعلومات التشغيلية بحصر وتجميع البيانات التي تعكس حركة المعاملات المختلفة بالمنشأة، بينما تقوم نظم المعلومات الآلية بتنفيذ المهام المكتبية بطريقة آلية حديثة.

113

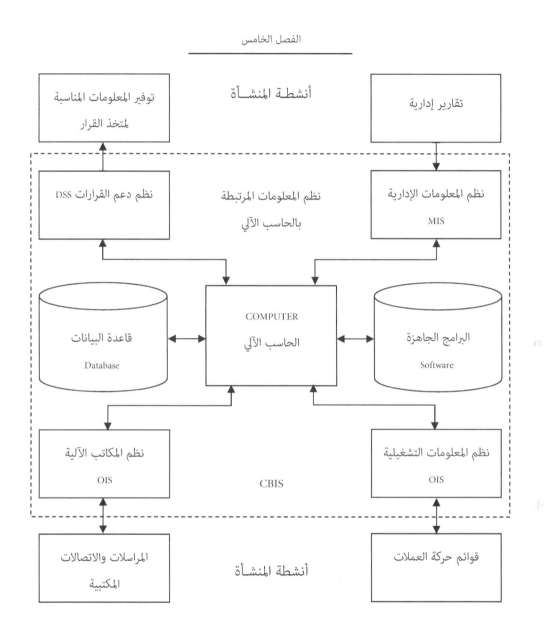

شكل رقم (11)

المهام المنفذة بواسطة نظم المعلومات المرتبطة بالحاسب في المنشأة

أهداف نظم المعلومات الإدارية

تختلف أهداف نظم المعلومات من منظمة إلى أخرى باختلاف طبيعية المنظمة وحجمها ونشاطاتها وقدراتها المادية والبشرية، وكذلك باختلاف أهدافها وطبيعة البيئة المحيطة بها، ورغم هذا الاختلاف فإن هناك عددا من الأهداف الأساسية لنظم المعلومات أيا كانت طبيعة المنظمة، ومن هذه الأهداف:

1- توفير المعلومات اللازمة لاتخاذ القرارات الخاصة بتخطيط وتوجيه ورقابة الأنشطة المختلفة في المنظمة بكافة مستوياتها، بما يساهم في تخفيض الفاقد الإداري من جهد ووقت المديرين في الحصول على المعلومات التي يحتاجون إليها، وكذلك تخفيض حالة عدم التأكد التي تواجههم، وتحقيق درجة عالية من الثقة لديهم في مخرجاتها واكتساب رضاهم عن هذه المخرجات.

2- تأكيد معنى المسؤولية لدى المسؤولين من خلال توفير المعلومات اللازمة لكل مدير، وتمكين الإدارة من الرقابة على تنفيذ الخطط الموضوعة من أجل تحقيق معدلات الأداء المرجوة.

3- وضع الأهداف وتصميم الخطط ونظم الرقابة في مختلف المستويات الإدارية، مع العمل على تحقيق المرونة في خطط ومعايير الأداء، والربط بين مختلف الأنشطة والوحدات التي تقوم عليها المنظمة بما يساهم في تحقيق التكامل بين أجزائها.

4- توحيد مصادر المعلومات داخل المنظمة بما يساعد في القضاء على الازدواجية والتكرار في البيانات المستخدمة في إنتاج المعلومات.

5- المساهمة في تحسين وتطوير المنظمة سواء من حيث إجراءات العمل المتبعة أو الهيكل التنظيمي، أو القدرة على التغلب على المشكلات والأزمات التي يمكن أن تواجهها.

115

فوائد / منافع نظم المعلومات المعالجة إلكترونيا

Benefits of Computer Based Information Processing System

وفي ضوء ما سبق يمكن تحديد بعض فوائد/منافع نظم المعلومات المعالجة إلكترونيا باختصار في نقاط كالتالي:

1- السرعة في تشغيل البيانات واسترجاعها.

2- الدقة.

3- الاقتصاد في الوقت والجهد والتكاليف.

4- أمان أكثر.

5- خدمة أفضل.

6- منتجات ذات جودة أعلى.

7- أخطاء أقل.

8- قرارات أفضل.

9- رقابة أفضل.

10- خفض حيز تخزين البيانات.

11- كفاءة نقل البيانات عن بعد.

وبعبارة أخرى يمكن توضيح أفضلية نظم المعلومات المعالجة إلكترونيا عن نظم المعلومات التقليدية من خلال عدة نقاط منها على سبيل المثال: الاقتصاد Economy، والسرعة Speed، والدقة Accuracy، والجودة Quality.

ولإعطاء مثال توضيحي واحد فقط أظهرت العديد من دراسات تحليل التكلفة لمعالجة المعلومات في أحجام مختلفة، أن المعالجة الإلكترونية للمعلومات أكثر قبولا للتبرير الاقتصادي عن المعالجة اليدوية للمعلومات. وقد استمرت تلك الميزة في التكلفة مع الزيادة المطردة في تكنولوجيا الحاسبات الآلية والتي أدت إلى خفض التكلفة بصورة ملحوظة كما هو موضح في الشكل رقم (12).

116

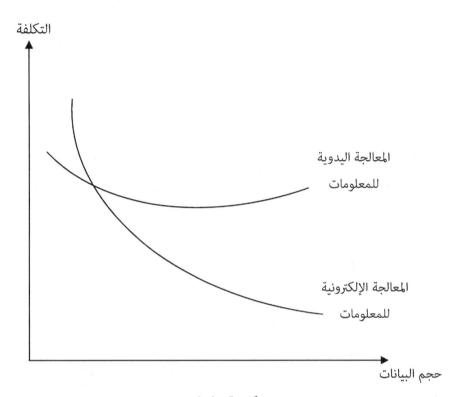

التكلفة

المعالجة اليدوية
للمعلومات

المعالجة الإلكترونية
للمعلومات

حجم البيانات

شكل رقم (12)

العلاقة بين البيانات المعالجة والتكلفة

117

الفصل السادس

المعرفــة

أشتمل هذا الفصل على:

- مفهوم المعرفة.
- خصائص المعرفة.
- القراءة الطريق الملكي للمعرفة.
- السؤال أصل المعرفة.

مفهوم المعرفة

يقول فرانسيس بايكون F. Bacon: Knowledge is Power أي المعرفة قوة. والمثل الإنجليزي يقول: A little learning or knowledge is a dangerous thing.

بمعنى أن «العلم القليل (أو المعرفة القليلة) شيء خطر». ويقابل هذا المثل في العربية «نصف العلم أخطر من الجهل». أي أن العلم الناقص قد يضل المرء وقد يورده موارد التهلكة.

والشاعر يقول:

بالعلم والمال يبني الناس ملكهم   لم يُبن مُلك على جهل وإقلال

والعلم بناءُ المآثر.....والممالك من قديم.

ولغويا مصطلح المعرفة مشتق من الفعل «يعرف»، أي الوصول إلى معلومات أو أنباء عن طريق التعلم أو الخبرة. كذلك هناك من يعرف المعرفة بأنها هي كل ما هو معروف أو مفهوم.

خصائص المعرفة

ومن خصائص المعرفة كمورد Resource أنها:

1- مرنة.

2- لا تنقص كميتها باستخدامها (على عكس أشكال القوة الأخرى مثل: الثروة والسلطة..).

3- جماعية استخدامها.

4- المعرفة نتاج لعناصر متعددة، من أهمها المعلومات والبيانات والقدرات والاتجاهات.

القراءة الطريق الملكي للمعرفة

تعريف القراءة

القراءة: فنا لغويا له دوره الفعال في شتى مجالات الحياة للإنسان.

من مهارات الاتصال مهارة القراءة Reading Skill. وعلى كل من المرسل والمستقبل اكتساب مهارة القراءة لكل أنواع الاتصالات المكتوبة سواء كانت تقرير أو خطاب أو مذكرة أو فاكس أو بريد إلكتروني..

والقراءة تعتبر لغة منطوقة Spoken Language وهذا النوع من اللغات يستخدمه الإنسان للاتصال بالآخرين من خلال الحديث والحوار Dialog معهم. ويطلق عليها أحيانا بالاتصال الشفهي Vocal Communication.

وأول أمر صدر لجميع المسلمين جاء في أول آية قرآنية نزلت على سيدنا محمد ﷺ ، حيث يقول اللـه سبحانه وتعالى (اقرأ باسم ربك الذي خلق، خلق الانسان من علق، اقرأ وربك الأكرم، الذي علم بالقلم، علم الانسان ما لم يعلم)(العلق: 1-5).

أهمية القراءة

من يتأمل الآيات السابقة من سورة العلق تتجلى له مكانة القراءة في أحلى بيان وأجمل وأدق معنى وتبيان؛ فهي أول أمر للرسول الكريم صلى اللـه عليه وسلم باعتبار القراءة مفتاح الحياة وسرها، وذلك يتضح من تكرار الأمر (اقرأ) ومن الربط بين القراءة والعلم؛ فبالقراءة يمتلك الإنسان ناصية العلم، ومفتاح كنزه المكنون، ومنها يطل على المعرفة الإنسانية والفكر الإنساني طولا وعرضا واتساعا وعمقا، وبها يتذوق الأدب والفن ويستمتع بالحياة، وقبل هذا وذاك هي إحدى وسائل توثيق الصلة بين الإنسان وربه ودينه عن طريق قراءة القرآن الكريم والسنة المطهرة.

وتشير فايزة السيد عوض إلى أن حاجة الإنسان إلى القراءة تزداد مع ما يسود العالم من ثورة معرفية ومع ما تفرزه المطابع من إنتاج فكري ومعرفي بمعدلات هائلة يوميا،

121

حتى أطلق عليها مسمى «الموجة الثالثة» وأصبحت المعرفة قوة تمكن الإنسان من الولوج الآمن إلى القرن الواحد والعشرين بما يتميز به من تطورات وتناقضات وتقدم تكنولوجي متلاحق الخطى، وفي خضم ذلك كله ليس من سبيل للإنسان إلا بامتلاك المعرفة والتحصن بها في مواجهة كل التحديات، ولن يتأتى له ذلك إلا بالقراءة.

وعلى الرغم من التقدم الهائل في وسائل الاتصال والمعرفة وأساليب التكنولوجيا الحديثة، إلا أن الكلمة المكتوبة لا تزال أوسع أبواب المعرفة وأطوعها، وهي باب الأمل ومتعة الاختيار والتحكم؛ فالكتاب يقرأ في كل زمان ومكان، بينما نجد الوسائل الأخرى تفرض قيودها على الإنسان وتحكمه، ومن ثم كانت القراءة قلب كل عمل يقوم به الإنسان وأساس كل تقدم بشري.

تمريــن

ما هي أهمية القراءة (فوائد القراءة) ؟

1- ....

2- ....

3- ....

أنــواع القراءة

1- القراءة المتعمقة والقراءة السريعة.

2- القراءة الأفقية والقراءة الرأسية.

3- القراءة الجهرية والقراءة الصامتة.

4- القراءة للتحصيل أو للمتعة أو للنقد والقراءة الوظيفية.

ويحتاج كل منا أن يكتسب مهارة القراءة لكل هذه الأنواع، لأن لكل نوع مناسبة ووقت ومقام ومقال.

تمريـن:

1- متى يحتاج الإنسان إلى القراءة المتعمقة ؟

....

....

2 - متى يحتاج الإنسان إلى القراءة السريعة ؟

....

....

3- متى يحتاج الإنسان إلى القراءة الأفقية ؟

....

....

4 - متى يحتاج الإنسان إلى القراءة الرأسية ؟

....

....

5- متى يحتاج الإنسان إلى القراءة الجهرية ؟

....

....

6- متى يحتاج الإنسان إلى القراءة الصامتة ؟

....

....

7- متى يحتاج الإنسان إلى قراءة التحصيل ؟

....

....

8- متى يحتاج الإنسان إلى قراءة المتعة ؟

....

....

9- متى يحتاج الإنسان إلى القراءة النقدية ؟

....

....

10- متى يحتاج الإنسان إلى القراءة الوظيفية (أي القراءة لأداء المهمة أو الوظيفة) ؟

....

....

السؤال أصل المعرفة:

السؤال Question هو الأصل في الحصول على المعرفة من الآخرين. فأنت تسأل عن الأشياء التي لا تعرفها، وتحصل على الإجابة التي تريدها من الطرف الآخر، فتحدث المشاركة في المعرفة. فتزداد معرفتك ولا يحدث نقصان في معرفة الطرف الآخر.

والسؤال أداة إيجابية مبدعة، فأي مجال في الحياة سواء كان إداريا أو اجتماعيا أو تعليميا أو سياسيا.. لا يمكن تصور فرص نجاحه بلا أسئلة.

فتقديم الأسئلة شيء أساسي عند الاتصال بالآخرين وفي المقابلات والاجتماعات وفي الأصول التعليمية والبرامج التدريبية وفي الإعلام.. وفي كل مجالات الحياة على وجه التقريب.

وتقديم الأسئلة إحدى مهارات الاتصال الفعال فأي عملية اتصال هي عبارة عن:

1- حديث.

2- إنصات.

3- تقديم الأسئلة.

وحتى يكون لديك هذه المهارة لا بد من مراعاة الآتي:

1- تقديم السؤال المناسب لموضوع الحوار أو الحديث.

2- طرح سؤال واحد في المرة الواحدة.

3- صياغة السؤال بالشكل الملائم.

4- البساطة.

5- الوضوح.

6- تقديم السؤال بشكل مباشر وغير ملتوي.

7- الاهتمام والحرص على الحصول على الإجابة من الطرف الآخر.

وفي حالة إذا كنت أنت الذي تقدم الإجابة عن السؤال، فعليك:

1- فهم السؤال.

2- التفكير في الإجابة وعدم التسرع.

3- الأمانة في تقديم الإجابة.

4- الدقة في تقديم الإجابة.

5- الحذر في تقديم الإجابة.

6- الاختصار غير المخل.

7- المحافظة على أسرار العملاء.

8- المحافظة على أسرار المنظمة.

الفصل السابع

المعرفة التنظيمية

أشتمل هذا الفصل على:

- تعريف المعرفة التنظيمية.
- أنواع المعرفة التنظيمية.
- مرتكزات عملية تكوين المعرفة التنظيمية.

تعريف المعرفة التنظيمية Organizational Knowledge

يمتلك العاملون في عقولهم ثروة هائلة من المعرفة والخبرة التي اكتسبوها من عملهم في المنظمات وتفاعلاتهم في مختلف مجالات الحياة. كما أن لديهم معارف وخبرات متنوعة بخصوص السلع التي ينتجونها أو الخدمات التي يقدمونها، وبالعمليات الداخلية، والأمور التكنولوجية، والمنافسين.. إلا أن هذه المعرفة رغم ضخامتها ـ كما يشير إلى ذلك مؤيد السالم ـ مازالت مبعثرة بين العاملين والأماكن، فهم معزولون عن بعضهم البعض وعن الجسد الرئيسي للمنظمة. الأمر الذي يجعل المنظمة لا تستفيد منها بشكل جيد.

ويشير دافيد تيك David Tece إلى أنه كلما استطاعت المنظمة استخراج هذه المعارف من عقول أفرادها، وجعلها مشاعة لجميع العاملين، ستكون أقدر على الإبداع والإنتاجية؛ لأننا عندما ننجح في جعل المعرفة معلومة واضحة للجميع بعد أن كانت كامنة في عقول الأفراد، سيكون من السهولة خزنها وإشاعتها ونقلها، ومن ثم إعادة توظيفها في عملية التعلم التنظيمي بصورة أفضل.

ويؤكد مؤيد السالم أن المعرفة التنظيمية تنصرف إلى ما تملكه المنظمة في ذاكرتها التنظيمية من معلومات، وإلى العمليات العقلية في ذهن المديرين وبقية العاملين في المنظمة من إدراك وتعلم وتفكير وتسبيب، وبما يسهم في تكوين آراء واتجاهات وتوقعات تهيئ رؤية دقيقة عن بيئة المنظمة ونوع الاختيار الاستراتيجي المعزز لبقائها.

أنواع المعرفة التنظيمية

صنف بولاني Polanyi (1966) المعرفة إلى فرعين أساسيين هما:

1- المعرفة الضمنية

وهي التي تتعلق بالمهارات، والتي هي في حقيقة الأمر توجد في داخل عقل وقلب كل فرد، والتي من غير السهولة نقلها أو تحويلها للآخرين. وقد تكون تلك المعرفة فنية أو إدراكية.

وكلما استطاعت المنظمة استخراج هذه المعارف من عقول أفرادها وجعلها مشاعة لجميع العاملين، ستكون أقدر على الإبداع والإنتاجية، لأننا عندما ننجح في جعل المعرفة معلومة وواضحة للجميع بعد أن كانت كامنة في عقول الأفراد، سيكون من السهولة خزنها وإشاعتها ونقلها، ومن ثم إعادة توظيفها في عملية التعلم التنظيمي بصورة أفضل.

2- المعرفة الظاهرية

وهي التي تتعلق بالمعلومات الموجودة في أرشيف المنظمة ومنها (الكتيبات المتعلقة بالسياسات، والإجراءات، المستندات، معايير العمليات والتشغيل).

كذلك يميز جو Choo بين ثلاثة أنواع من المعرفة التنظيمية يشرحها مؤيد السالم كالتالي:

1- المعرفة المعلنة Explicit Knowledge

والمتمثلة في أهداف وسياسات وإجراءات وتعليمات ومعايير المنظمة. وهذا النوع من المعرفة قابل للانتقال بسهولة بين العاملين والمستويات الإدارية بشكل معلن من خلال قنوات الاتصال الرسمية والوثائق المكتوبة. ويطلق على هذه المعرفة Know What. وتكوّن هذه المعرفة الذاكرة التنظيمية Organizational Memory.

2- المعرفة الضمنية (الكامنة) Tacit Knowledge

وهي مجموعة القيم والاتجاهات والمدركات الذاتية للأفراد التي تتكون من خبراتهم وتجاربهم الشخصية، وتتميز بصعوبة الحصول عليها واستخدامها نظرا لأنها تتمركز في المستويات الأعمق للأفراد، مثل الحالة التي يتطلب فيها من الخبراء تحليل أسباب حدوث مشكلة تنظيمية معينة، فهي تتطلب قدرات لغوية وإدراكية وخبرات دفينة، وعوامل أخرى مساعدة في طريق إظهارها بالشكل الصحيح وتطبيقها على الواقع التنظيمي.

129

ويمكن اعتبار قدرة المنظمة على الحصول على هذه المعرفة وإدارتها بشكل جيد دليل واضح على نجاحها.

ومما يؤسف له حقا أن الكثير من المعرفة الضمنية، أو ما يطلق عليه أحيانا Know-How، أو سر المهنة، تخسره المنظمات بسبب تقاعد الموظف، أو النقل، أو الاندماج أو تقليص حجم النشاط.

3- المعرفة الثقافية Cultural Knowledge

وتتجسد في الافتراضات والقيم والأعراف والاتجاهات التي يستخدمها الأفراد لتحديد قيمة المعلومات والمعارف والمواقف الجديدة ومدى إمكانية الوثوق فيها. وغالبا ما ترتبط هذه المعرفة أو تتجسد في رؤية المنظمة ورسالتها وفلسفتها العامة.

مرتكزات عملية تكوين المعرفة التنظيمية

تشير الدراسات إلى أن عملية تكوين المعرفة التنظيمية تعتمد على أربعة مرتكزات أساسية، يوضحها مؤيد السالم كالتالي:

1-	تخليق المعرفة	Knowledge Creation
2-	توزيع المعرفة	Knowledge Distribution
3-	التشارك بالمعرفة	Knowledge Sharing
4-	خزن وترميز المعرفة	Knowledge Capture & Codification

ويؤكد علي السلمي بأن النجاح في تكوين المعرفة التنظيمية يعتمد أساسا على مدى نجاح الإدارة ومهارتها في فتح قنوات الاتصال ونقل المعلومات بين العاملين، وإشاعة مناخ يشجعهم على تحويل معتقداتهم وقيمهم وخبراتهم التي يختزنونها بداخلهم إلى كلمات وقضايا مفيدة معلنة يمكن تداولها وانتشارها في المنظمة، حتى يمكن لها أن تجد طريقها للاندماج في عمليات وخطط ومنتجات ونظم وخدمات المنظمة. ومن هنا سيكون لدينا مديرون ذوو معرفة، ومهنيون ذوو معرفة وموظفون ذوو معرفة.

130

الفصل الثامن

التعلـم

أشتمل هذا الفصل على:

- تعريف التعلم.
- شروط التعلم.
- مثيرات التعلم.
- المشكلات المرتبطة بالتعلم.

تعريف التعلم

التعلم Learning هو العملية التي يكتسب بها الفرد خبرات وتجارب جديدة تساعد على تعديل سلوكه بحيث يصبح أكثر قدرة على مواجهة مواقف الحياة، أو التكيف لمقتضيات البيئة التي يعيش فيها. والحواس هي أبواب المعرفة، ولذا نلمس آثار التعلم من خلال ما يكتسبه الفرد من خبرات عن طريق هذه الحواس.

وعملية التعلم تحدث دائما سواء كان الشخص يتعلم أو لا يتعلم، فهي عملية مستمرة مدى الحياة. إن الإقرار بأن الناس يتعلمون من المهد إلى اللحد سوف يساعد في تفادي الشعور بالشيخوخة، وقد اكتشف أحدنا مؤخرا أنه أكبر سنا من أن يمارس التدريب وأصغر سنا من أن يلتحق بجامعة العصر الثالث، وكم كان يود أن يفعل الشيئين معا!.

وتعتبر حياة الأفراد والجماعات والمنظمات ـ كما يشير إلى ذلك محمد أبو العلا أحمد ـ سلسلة متصلة من النشاط العقلي الذي يؤدي إلى التعلم واكتساب الخبرات المختلفة سواء كانت معرفية أو خبرات عملية.

هذا ويتضمن التعلم سلسلة من العمليات العقلية، أي أن التعلم ليس عملية بسيطة بل إنه يقتضي:

1- الإحساس والإدراك للخبرات والتجارب والمؤثرات المختلفة التي يتعرض لها الفرد في البيئة التي يعيش فيها.

2- الربط بين ما يدركه الشخص وبين خبراته القديمة التي يحتفظ بها عادة في الذهن.

3- الاحتفاظ بالخبرات الجديدة لوعيها بحيث تكون مستعدة للظهور في الوقت المناسب لمعاونة الشخص على التصرف في المواقف الجديدة.

4- استدعاء أو تذكر هذه الخبرات في الوقت المناسب.

شروط التعلم

يمكن تحديد أربعة شروط رئيسية لعملية التعلم حتى يتعلم الفرد بسرعة ويسر، هي:

1- رغبة الفرد: بمعنى أنه كلما قويت رغبة الفرد وإرادته في التعلم، ساعد ذلك على بذله للجهد، وعلى إثارة نشاطه العقلي للإفادة من الخبرات المحيطة به.

2- قدرة الفرد: بمعنى أنه كلما زادت قدرة الفرد على إدراك الأشياء واستخدامه لها تعلم الفرد بسرعة ويسر.

3- دلالة الأشياء موضع التعلم: إذ كلما كانت دلالة الأشياء موضع التعلم واضحة ومفهومة سهلت عملية التعلم وأصبحت أسرع.

4- درجة التشابه بين الأشياء موضوع التعلم: فكلما زادت درجة التشابه بين الأشياء موضوع التعلم أصبحت عملية التعلم أسهل وأسرع.

مثيرات التعلم

تعد الحالة الدافعية للمتعلم أحد أهم العوامل المؤثرة على النجاح أو الإخفاق النسبي لأي تعلم، وتؤثر الحالة الجسدية والسيكولوجية الداخلية للشخص في اي وقت معين على دافعيته، والأخيرة ليس ثابتة أو ساكنة بل تتغير وفقا لعدة عوامل مثيل المثيرات الخارجية. ويعتمد نجاح التعلم على استعداد الشخص أو وجود دافع قوي لديه للتعلم، والمحافظة على تلك الدافعية أثناء أي حدث تعلم.

هذا ولقد رصد جنيفر جوي Jennifer Joy وزملاءه بعض العوامل المؤثرة على دافع الشخص للتعلم كالتالي:

1- القدرة الذاتية أو الفطرية على التعلم: تختلف هذه القدرة من شخص إلى آخر، وتتأثر ـ ضمن عدة أمور أخرى ـ بالسن والظروف الشخصية. ويفترض التعلم الناجح مسبقا وجود معيار أو مستوى يقوم عليه تعلم آخر غالبا ما يكون متطلبا

بدرجة أكبر، ولذلك فالقدرة على التعلم هي دالة للقدرات الفطرية الموجودة. ولا تصبح أهداف التعلم ذات معنى إلا إذا عكست قدرة الأفراد على التعلم. ولا يتوافر لدى الأفراد الدافع للتعلم إلا إذا كان هناك شعور ما بأنهم قادرون على التعلم.

2- الخوف من الفشل: غالبا ما يرتبط الخوف من الفشل بالتعرض لخبرات ضارة من الناحية النفسية، والقليل منا تحاشوا خبرات تركت لديهم ذكريات لا تمحى عن الإحباط والغضب والإخفاق وحتى الإذلال. ويدفع الخوف من الفشل في التعلم الناس إلى تجنب أي فرص للتعلم يتصورون أنها مصدر خطر أو تهديد محتمل. أما هؤلاء الذين يرتبط التعلم في نظرهم بخبرات محررة ومحفزة وممتعة فيحتمل بطبيعة الحال أن يكون لديهم اتجاه إيجابي وملتزم بتعزيز فرص التعلم. بيد أن الإخفاق يمكن أن يكون فرصة مفيدة للتعلم إذا تم التعامل معه بشكل إيجابي. وكما قال كونفوشيوس: «لا يكمن سر مجدنا في عدم الإخفاق أبدا، بل في أننا ننهض كلما سقطنا».

3- النتائج المتوقعة للتعلم: من الواضح أن التعلم الناجح للمهارات والقدرات الجديدة والذي يؤدي إلى تحسين الرضا الوظيفي، وإتاحة فرص أكبر لأداء عمل مختلف و/أو زيادة الأجر أو الحصول على ترقية سوف يخلق حالة دافعية مختلفة عن تلك التي ينتج عنها نتائج سلبية ومهددة مدركة.

4- سلوك الأفراد القائمين على تخطيط وتنفيذ عملية التعلم: غالبا ما يرتبط التعلم في سياق التعليم والتدريب والتنمية بمعلم أو مدرب أو ناصح أمين، ويوجد لمهارات ومناهج السلوك العام لهؤلاء الأشخاص تأثير هام على استعداد الفرد النفسي للتعلم، فضلا عن درجة الالتزام المتواصل تجاه عملية التعلم. وبالنظر إلى أن التعلم غالبا ما يحدث عبر فترة من الزمن يمكن خلالها أن يحدث سوء فهم وإخفاق ظاهري في التعلم والشعوري بعد التأكد بشأن العملية والنتائج معا، فإن قدرة ممارس التنمية على تهيئة بيئة تعلم مؤازرة وآمنة نفسيا تعد في غاية الأهمية.

المشكلات المرتبطة بالتعلم

في بعض الأحيان، يُنظر إلى التعلم على أنه تجربة ناجحة ومفيدة، إلا أنه قد يكون سببا في الشعور بالإحباط في أحيان كثيرة، فالناس يمكن أن ينفقوا الوقت والجهد في التعلم ولكنهم كثيرا ما يشعرون أنهم لم يتعلموا شيئا. فما تفسير ذلك؟ يجيب عن هذا السؤال جنيفر جوي Jennifey Joy وزملاؤه في الآتي:

1- وجود حالة من اللبس والتناقض تتعلق بالنتائج المتوقعة من عملية التعلم.

2- رفض أو إحجام الشخص عن استخدام ما تم تعلمه بالفعل وذلك لأسباب عديدة.

3- أحيانا يفقد الشخص القدرة على الأداء وفقا للمعايير المطلوبة مع مرور الوقت، وذلك لأسباب عديدة.

4- أحيانا لا يرغب المتعلمون في التعلم، وذلك لأسباب عديدة منها عدم وجود رغبة أو دافع للتعلم.

5- ينخدع كثير من المتعلمين بانعدام التقدم الظاهري فيصابون باليأس ويتوقفون.

6- الإحباط.

7- الإجهاد.

8- الشك في الذات.

حل مشكلات التعلُّم

يجد المتعلمون المثابرون والمسهلون الماهرون طرقا للتغلب على الصعوبات والمشكلات المذكورة آنفا، ولا يمكن إيفاء الحاجة على وضع استراتيجيات تقلل إلى أدنى حد تأثير هذه المصاعب والمشكلات على عملية التعلم حقها من التشديد. ويهدف هذا التدريب القصير إلى مساعدتك على القيام بهذه المهمة:

1- حدد مشكلات التعلم التي تعرضت لها.

2- فيما يتعلق بخبرة تعلم معينة ـ ربما ترغب في اختيار خبرة مختلفة لكل مشكلة في القائمة إذا كان ذلك مفيدا لك ـ حاول أن تتذكر كيف نشأت المشكلة. هل كانت هناك أي أسباب أو ظروف واضحة يمكن أن تفسرها؟

3ـ هل تم اتخاذ أي إجراء في ذلك الوقت في سبيل حل المشكلات؟ وإذا كان ذلك قد حدث، بواسطة من؟ إلى أي مدى كانت الحلول فعالة؟.

4- في ضوء ما تعرفه الآن عن التعلم. كيف ستعالج المشكلات ذاتها إذا ثارت من جديد؟.

لجعل هذا التدريب مفيدا بدرجة أكبر، قد ترغب في مناقشة هذه الأسئلة مع زملائك.

الفصل التاسع

التعلم التنظيمي

أشتمل هذا الفصل على:

- تعريف التعلم التنظيمي.
- خصائص التعلم التنظيمي.
- مستويات التعلم التنظيمي.
- مراحل عملية التعلم التنظيمي.
- مقياس العوامل الأساسية للتعلم التنظيمي.

تعريف التعلم التنظيمي

للتعلم أنواع عديدة، نذكر منها: التعلم القراري (على مستوى الفرد) والتعلم الجمعي (على مستوى الجماعة) والتعلم التنظيمي (على مستوى المنظمة).

وفي هذا الشأن فإنه يمكن أن نقول أن التعلم التنظيمي Organizational Learning يتضمن تحت مظلته تعلم فردي لكل موظف أو عامل في المنظمة، وتعلم جمعي لكل جماعة من جماعات العمل في المنظمة.

هذا ويرى بيتر سنج Peter Senge أن عملية التعلم التنظيمي هي الاختبار والمراجعة المستمرة لخبرات العاملين سواء الفردية أو الجماعية، وتحويلها إلى معرفة تستطيع المنظمة الحصول عليها، وتوظيفها لتحقيق أهدافها الرئيسية.

كذلك يعرف ج. هيوبر G. Huber التعلم التنظيمي بأنه المعالجة الصحيحة للمعلومات المكتسبة التي يصاحبها أو ينتج عنها تغيير في سلوك المنظمة.

ويؤكد مؤيد السالم بأن عملية التعلم التنظيمي هي جهد متواصل تمارسه المنظمة في بناء وتنظيم المعرفة وتحسينها بهدف الوصول إلى معان مشتركة يمكن الاستفادة منها في حل المشكلات التي تواجهها. ومزية هذا الجهد المتواصل أنه مشتق أساسا من خبرات وتجارب أعضاء المنظمة.

ولقد حدد كل من جيرالد جرينبرج Gerald Greenberg وروبرت بارون Robert Baron أربعة مجالات للتعلم التنظيمي هي كالتالي:

1- التدريب.

2- تطوير نظم المكافآت.

3- تعزيز السلوك التنظيمي الإيجابي.

4- تجنب وردع السلوك التنظيمي السلبي.

وكمثال على هذه المجالات، سيتم الحديث عن مفهوم التدريب في الفصل العاشر.

خصائص التعلم التنظيمي

رصد عبد الرحمن هيجان خمسة خصائص للتعلم التنظيمي هي كالتالي:

1- أنه عملية مستمرة تحدث تلقائيا كجزء من نشاط وثقافة المنظمة، ولا يعتبرها الأفراد شيئا مضافا إلى أعمالهم اليومية.

2- يعتبر وجود رؤية مشتركة بين أعضاء المنظمة حول هدف ومستقبل المنظمة عنصرا أساسيا في عملية التعلم.

3- التعلم هو نتاج الخبرة والتجارب الداخلية والخارجية للمنظمة، والخبرة وحدها هي التي تسهم في عملية التعلم التنظيمي، وتمكن المنظمة من إدراك المعاني القيمة المستمدة من تجاربها وممارستها.

4- التعلم التنظيمي عملية تتضمن عددا من العمليات الفرعية المتمثلة في اكتساب المعلومات وتخزينها في ذاكرة المنظمة، ثم الوصول إلى هذه المعلومات وتنقيحها للاستفادة منها في حل المشكلات الحالية والمستقبلية، وذلك في إطار ثقافة المنظمة.

5- إن عملية التعلم التنظيمي لا يمكن أن تحقق النتائج المرجوة منها دون مساندة من قيادة المنظمة، التي يجب أن تكون قدوة للآخرين في السلوك والتصرف.

مستويات التعلم التنظيمي

فرق كريس آرجريس C. Argyris وزملائه بين ثلاثة مستويات للتعلم التنظيمي هي كالتالي:

• **المستوى الأول:** تهتم المنظمات على هذا المستوى بزيادة قدراتها في تحقيق أهداف معلومة، وهي تشغل نفسها بموضوع التعلم الروتيني أو السلوك المتكرر. إذ تحاول التعلم من دون إجراء تغيرات جوهرية في سياستها وافتراضاتها الرئيسية.

• **المستوى الثاني:** تهتم المنظمات على هذا المستوى بإعادة تقييم طبيعة الأهداف التنظيمية

والقيم والمعتقدات المرتبطة بها. ويتضمن هذا النوع من التعلم تغييرا في ثقافة المنظمة. والنقطة الجوهرية هنا هي أن المنظمات تتعلم كيف تتعلم. Learn How to Learn.

- **المستوى الثالث:** ويحدث هذا المستوى من التعلم عندما تتعلم المنظمة كيف تنفذ عملية التعلم في المستويين الأول والثاني. إذ لا يمكن لهذين المستويين أن يحدثا ما لم تدرك المنظمة أن التعلم يجب أن يحدث.

مراحل عملية التعلم التنظيمي

حدد ج. هوبر G. Huber أربعة مراحل أساسية لعملية التعلم التنظيمي يشرحها كل من عبد الرحمن هيجان ومؤيد السالم كالتالي:

أ ـ اكتساب المعرفة Knowledge Acquisition

يحصل التعلم عندما تتمكن المنظمة من اكتساب المعرفة. كما أن الحصول على المعرفة المعلنة أو الحقائق والمعلومات يتم أساسا عند قيام المنظمة بمسح البيئة واستخدام نظم معلومات من أجل خزن ومعالجة واسترجاع المعلومات وإنجاز البحوث وعمليات التطوير.. وتعتبر تجارب التعلم من أهم مصادر المعرفة التنظيمية. كما يمكن للمنظمة الحصول على التعلم من خلال إعادة تشكيل ما لديها من مخزون معرفي. وغالبا ما تفضي عملية تنقيح البنى المعرفية المتراكمة لدى المنظمة إلى إكساب المنظمة معارف جديدة.

ب ـ توزيع المعلومات Information Distribution

يقصد بتوزيع المعلومات العملية التي يتم فيها نشر المعلومات بين وحدات المنظمة والعاملين فيها عبر طرق مختلفة، بأساليب رسمية وغير رسمية. ومن بين هذه الطرق حلقات التعلم، والبرامج التنظيمية الجماعية. وقنوات الاتصال الرسمية. وكلما زادت عملية المشاركة في المعلومات ازدادت تعلما.

ج - تفسير المعلومات Information Interpretation

من أجل أن تتم المشاركة في المعلومات لابد من ترجمتها بأساليب محددة ومشتركة يعرفها العاملون في المنظمة. ويطلق على عملية تشكيل المعلومة المعرفة الإجرائية   (Dodgson. 1993) Procedural Knowledge. ومما يلاحظ هنا أن كمية أو حجم التعلم يزداد كلما استطاعت المنظمة والعاملون فيها تقديم تفسيرات عديدة للمعلومات المتاحة.

د - الذاكرة التنظيمية Organizational Memory

وهي «المخزون Repository الذي يمثل القاعدة المعرفية المشتركة بين أعضاء المنظمة ». ويتم خزن المعرفة من أجل استخدامها في المستقبل. وتلعب الذاكرة التنظيمية أو ما يسمى أحيانا بمعرفة الشركة Corporate Knowledge دورا أساسيا في التعلم التنظيمي. فعمليتا استعراض واستخدام التعلم تعتمدان أساسا على فاعلية الذاكرة التنظيمية. وأحد التحديات الأساسية التي تواجه منظمات اليوم هو كيفية تفسير المعلومات وتشكيل ذاكرة تنظيمية من السهولة استخدامها من قبل العاملين.

ومن الضروري اشتراك أعضاء المنظمة في فهم هذه المعاني، فذاكرة المنظمة ليس بمعزل عن ذاكرة الأفراد التي تضم خبراتهم وتجاربهم، فهي تتكون من رسالة المنظمة التي تؤشر الفهم المشترك لخصائص وحدود ومهام المنظمة وسياساتها.

مقياس العوامل الأساسية للتعلم التنظيمي

أعد هذا المقياس براء عبد الكريم بكار، والذي هو جزء من رسالته للماجستير عن «إدارة الإبداع في منظمات التعلم» والمنشورة عام 2002.

هدف المقياس:

التعرف على الأنظمة والمبادئ الرئيسة التي تسعى إلى غرس عملية التعلم التنظيمي، ويقصد بعملية التعلم هنا تطوير المهارات والقدرات الفردية والجماعية المتميزة بشكل

141

مستمر، التي تعمل على تحسين عمليات خلق المعرفة واكتسابها ومشاركتها والاستفادة منها في المنظمة.

وصف المقياس

يتكون المقياس من (43) فقرة موزعة على خمسة محاور كما يلي:

1- الدوافع المحركة، وتضم (11) فقرة.

2- تحديد الهدف، وتضم (7) فقرات.

3- الاستطلاع والاستفهام، وتضم (8) فقرات.

4- التمكين وتفويض الصلاحيات، وتضم (9) فقرات.

5- التقييم والمراجعة، وتضم (8) فقرات.

وقد جمعت تلك الفقرات من مصادر متعددة وأجريت عليها اختبارات الصدق والثبات، وكانت النتائج جيدة حيث بلغ معامل الاتساق الداخلي كرونباخ ألفا (84%).

تصحيح المقياس

اعتمد الباحث على المقياس الرباعي (1-4) لتقييم درجة الموافقة أو عدمها على الفقرات بحيث قسمت الاستبانة إلى: (موافق بشدة، موافق، غير موافق، غير موافق بشدة).

فقرات المقياس

أولا: الدوافع المحركة

1- تلتزم الإدارة بشكل دائم بوضع السياسات التي تساعد الأفراد على عملية التعلم.

موافق بشدة ☐   موافق ☐   غير موافق ☐   غير موافق بشدة ☐

2- تعتبر عملية تغيير سلوك العاملين وطريقة تفكيرهم أمرا غير ممكن.

موافق بشدة ☐   موافق ☐   غير موافق ☐   غير موافق بشدة ☐

142

3- توفر الإدارة للعاملين دعما ماديا ومعنويا لتطوير قدرتهم على تعلم مهارات جديدة.

موافق بشدة ☐   موافق ☐   غير موافق ☐   غير موافق بشدة ☐

4- يوجد في المنظمة قسم خاص مسئول عن جمع البيانات من داخل المنظمة وخارجها.

موافق بشدة ☐   موافق ☐   غير موافق ☐   غير موافق بشدة ☐

5- يعتبر التعاون الذهني المشترك بين الأفراد واجتماعهم على حل مشكلة ما مصدرا من مصادر المعرفة داخل المنظمة.

موافق بشدة ☐   موافق ☐   غير موافق ☐   غير موافق بشدة ☐

6- في حالة استقطاب وتوظيف العاملين، يؤخذ في الاعتبار مستوى الذكاء والثقافة العامة.

موافق بشدة ☐   موافق ☐   غير موافق ☐   غير موافق بشدة ☐

7- لدى العاملين من المهارات الشخصية التي اعتقد أنها تفيد المنظمة ولم أهتم بتطويرها (بسبب عدم حاجة المنظمة لها).

موافق بشدة ☐   موافق ☐   غير موافق ☐   غير موافق بشدة ☐

8- تعتمد المنظمة على تقنيات المعلومات كثيرا في نشر المعرفة بين الأقسام والإدارات.

موافق بشدة ☐   موافق ☐   غير موافق ☐   غير موافق بشدة ☐

9- تهتم برامج التدريب بتزويد الأفراد بالمهارات المتعلقة بأداء العمل (فقط).

موافق بشدة ☐   موافق ☐   غير موافق ☐   غير موافق بشدة ☐

10- توجد في المنظمة أماكن خاصة يتم فيها تجريب الطرق والوسائل الجديدة وتحليل جدوى استخدامها قبل تطبيقها عمليا.

موافق بشدة ☐   موافق ☐   غير موافق ☐   غير موافق بشدة ☐

11- تعقد المنظمة دورات تدريبية هدفها تعليم الأفراد مهارات جديدة.

موافق بشدة ☐   موافق ☐   غير موافق ☐   غير موافق بشدة ☐

ثانيا: تحديد الغرض

1- يحمل جميع أعضاء المنظمة رؤية مشتركة عن قيم المنظمة واتجاهها.

موافق بشدة ☐   موافق ☐   غير موافق ☐   غير موافق بشدة ☐

2- تعقد الإدارة اجتماعات رسمية لجميع الأقسام الفنية والإدارية لمناقشة المواقف والأحداث التي تواجه المنظمة.

موافق بشدة ☐   موافق ☐   غير موافق ☐   غير موافق بشدة ☐

3- ليس من الضروري أن يدرك العاملون إستراتيجية المنظمة (طويلة الأجل).

موافق بشدة ☐   موافق ☐   غير موافق ☐   غير موافق بشدة ☐

4- تعتبر عملية تنمية القدرات الذاتية مسئولية فردية (لا علاقة لها بسياسة المنظمة).

موافق بشدة ☐   موافق ☐   غير موافق ☐   غير موافق بشدة ☐

5- تحدد الإدارة باستمرار مسئوليات وأدوار العاملين خلال عمليات التغيير في سياساتها.

موافق بشدة ☐   موافق ☐   غير موافق ☐   غير موافق بشدة ☐

6- أعتقد أن الصورة التي احملها في ذهني عن الرؤية المستقبلية للمنظمة ليست واضحة.

موافق بشدة ☐   موافق ☐   غير موافق ☐   غير موافق بشدة ☐

7- تعتبر مسئولية تكوين أهداف المنظمة من اختصاص الإدارة (فقط).

موافق بشدة ☐   موافق ☐   غير موافق ☐   غير موافق بشدة ☐

ثالثا: الاستطلاع والاستفهام

1- يوجد قدر كبير من التوتر بسبب الفروق في المستويات الإدارية والصلاحيات الممنوحة.

موافق بشدة ☐   موافق ☐   غير موافق ☐   غير موافق بشدة ☐

2- يشجع مديرو المنظمة بشكل مباشر العاملين وأعضاء فرق العمل على التعبير بأفكارهم وآرائهم الشخصية بحرية (حتى لو تعارضت مع وجهات نظرهم).

موافق بشدة ❑ موافق ❑ غير موافق ❑ غير موافق بشدة ❑

3- يتميز المناخ داخل المنظمة بالتفاعل والتعاون الإيجابي.

موافق بشدة ❑ موافق ❑ غير موافق ❑ غير موافق بشدة ❑

4- هل تعتقد أن الحوار والنقاش الصريح الذي يعبر عن الآراء والأفكار الصادقة يؤدي في معظم الأحيان إلى الكراهية بدلا من التقارب.

موافق بشدة ❑ موافق ❑ غير موافق ❑ غير موافق بشدة ❑

5- تعتبر المجاملة وسيلة جيدة في تجنب مواقف الإحراج والظهور بشكل ملائم.

موافق بشدة ❑ موافق ❑ غير موافق ❑ غير موافق بشدة ❑

6- يجد العاملون صعوبة في التواصل بشكل شخصية مع مديريهم (بسبب ضغط العمل).

موافق بشدة ❑ موافق ❑ غير موافق ❑ غير موافق بشدة ❑

7- لا يشعر العاملون بحرية في طرح الأفكار بسبب الخوف من ردود الأفعال السلبية من الآخرين.

موافق بشدة ❑ موافق ❑ غير موافق ❑ غير موافق بشدة ❑

8- أنا من الأشخاص الذي لا يتقبلون النقد والنقاش لأنه يثير الكراهية والحقد في كثير من الأحيان.

موافق بشدة ❑ موافق ❑ غير موافق ❑ غير موافق بشدة ❑

رابعا: التمكين وتفويض الصلاحيات

1- يؤدي تفويض الصلاحيات والمسئوليات للعاملين إلى (حدوث التعارض) مع خطط المنظمة.

موافق بشدة ☐   موافق ☐   غير موافق ☐   غير موافق بشدة ☐

2- يتم اختيار أعضاء الفريق بناء على مهارات وقدرات واضحة ومحددة تتلاءم مع طبيعة عمل الفريق.

موافق بشدة ☐   موافق ☐   غير موافق ☐   غير موافق بشدة ☐

3- تسعى المنظمة بشكل دائم إلى تنفيذ أعملها من خلال تكوين فرق عمل.

موافق بشدة ☐   موافق ☐   غير موافق ☐   غير موافق بشدة ☐

4- لا يتم التمييز بين العاملين في منح الحوافز على (أسس واضحة ومنهجية).

موافق بشدة ☐   موافق ☐   غير موافق ☐   غير موافق بشدة ☐

5- ينقص الفريق الذي أعمل به الكثير من التعاون والمشاركة والألفة.

موافق بشدة ☐   موافق ☐   غير موافق ☐   غير موافق بشدة ☐

6- تعتبر مسئولية تحديد أهداف وطريقة عمل الفرق من مسئوليات المديرين ورؤساء الأقسام (فقط).

موافق بشدة ☐   موافق ☐   غير موافق ☐   غير موافق بشدة ☐

7- لا يجد الأفراد اهتماما وحوافز مادية عند (إسهامهم التطوعي) في اكتشاف المشكلات.

موافق بشدة ☐   موافق ☐   غير موافق ☐   غير موافق بشدة ☐

8- تطبق المنظمة طرقا علمية واضحة لاكتشاف المشكلات وتصحيحها.

موافق بشدة ☐   موافق ☐   غير موافق ☐   غير موافق بشدة ☐

9- يتم تفويض الصلاحيات للأفراد باستمرار بناء على أسس واضحة.

موافق بشدة ☐   موافق ☐   غير موافق ☐   غير موافق بشدة ☐

خامسا: التقييم والمراجعة

1- لا يجد المديرون ومرؤوسوهم الوقت الكافي لمناقشة المشكلات والأخطاء (بسبب ضغوط العمل).

موافق بشدة ☐   موافق ☐   غير موافق ☐   غير موافق بشدة ☐

2- ليس من الضروري أن يتعرف الأفراد على تقييم لأعمالهم وتصرفاتهم فقد يؤدي إلى إحباطهم في كثير من الأحيان.

موافق بشدة ☐   موافق ☐   غير موافق ☐   غير موافق بشدة ☐

3- تعقد المنظمة اجتماعات رسمية دورية لمعظم العاملين لدراسة ومناقشة الأوضاع والمشكلات التي تواجهها.

موافق بشدة ☐   موافق ☐   غير موافق ☐   غير موافق بشدة ☐

4- هناك تقارير دورية لتقييم أداء العاملين ولكنها لا تخلو في كثير من الأحيان من الانحياز الشخصي.

موافق بشدة ☐   موافق ☐   غير موافق ☐   غير موافق بشدة ☐

5- تقدم الأقسام ملخصات دورية عن الإنجازات التي تم تحقيقها على مستوى التطور الشخصي للأفراد.

موافق بشدة ☐   موافق ☐   غير موافق ☐   غير موافق بشدة ☐

6- تعتبر عملية تقييم أداء فرق العمل والأقسام مسئولية ذاتية لا علاقة للمنظمة فيها بشكل مباشر.

موافق بشدة ☐   موافق ☐   غير موافق ☐   غير موافق بشدة ☐

7- تستخدم المنظمة طرقا علمية لتقييم نتائج الأعمال مثل ضبط الجودة.

موافق بشدة ☐   موافق ☐   غير موافق ☐   غير موافق بشدة ☐

8- أعبر بصراحة عن انتقاداتي وأرائي لسياسة المنظمة ومشروعاتها حتى ولو كانت ناجحة.

موافق بشدة ☐   موافق ☐   غير موافق ☐   غير موافق بشدة ☐

الفصل العاشر

مفهوم التدريب

أشتمل هذا الفصل على:

📖 مقدمــة.

📖 تعريف التدريب.

📖 أهمية التدريب.

📖 خصائص التدريب.

📖 مزايا التدريب.

📖 أهداف التدريب.

📖 الأساليب والمؤشرات الداعية للتدريب.

📖 من يستفيد من التدريب ؟

مقدمة

العنصر البشري هو الثروة الحقيقية والمتغير الأهم في عملية التدريب، والتدريب المناسب والمستمر هو أحد المحاور الرئيسية لتحسين هذا العنصر البشري، حتى يصبح أكثر معرفة واستعدادا وقدرة على أداء المهام المطلوبة منه بالشكل المطلوب والمناسب وبابتكار.

ويؤكد ألفين توفلر Alvin Toffler في كتابه «صدمة المستقبل» Future Shock على أهمية التدريب كإستراتيجية من أجل البقاء، إستراتيجية مستقبلية في مواجهة فرط التنبيه الذي يتعرض له الإنسان، وفرط استخدام الحواس وزيادة التحميل بالمعلومات، وضغط عملية اتخاذ قرارات كثيرة في وقت قليل.

ويقول ميللر Miller في كتابه «اضطرابات الاتصال» Communication Disorders بأننا نضطر الناس إلى التكيف مع خطوة أسرع للحياة، ومواجهة مواقف مستجدة والسيطرة عليها خلال وقت دائم القصر، إننا نضطرهم إلى الانتقاء بين اختبارات تتضاعف بسرعة، ونجبرهم على معالجة المعلومات بسرعة أكبر مما كان ضروريا في مجتمعنا في الماضي.

واقترح ميللر عدة أساليب لمواجهة هذه المشكلة منها، أسلوب التدريب المستمر الذي يساعد في عميلة التكيف هذه، والاستجابة بشكل مناسب للتغييرات السريعة التي حولنا.

هذا ولم يعد دور المنظمات قاصرا على إنتاج السلع وتقديم الخدمات. فمع انحسار دور الجامعات وتراجع دور المدارس، صار لزاما على الشركات الخاصة والإدارات الحكومية أن تولي تنمية القوى العاملة بالتعليم المستمر والتدريب Training للمنافسة والتميز في زمن العولمة والأسواق المفتوحة والإنترنت.

وإذا كان يمكن للشركات الخاصة أن تستغني عن بعض العاملين بها - لنقص التعليم والتدريب لديهم - وتستبدلهم بعناصر جديدة مؤهلة، فإن مثل هذا القرار ليس

سهلا أو ممكنا في كثير من الأحيان في الإدارة الحكومية. بل إن اتخاذ مثل هذا القرار صار صعبا في الشركات الخاصة في ظل القيود القانونية والعلاقات الإنسانية، بل والتكلفة الاقتصادية المترتبة على ارتفاع معدل دوران العمالة وضعف إنتاجيتها.

إن تحقيق التفوق يعتمد على العاملين، ولهذا يصبح لزاما علينا تنمية مهاراتهم. فقد أثبتت البحوث والدراسات أن التعليم والتدريب يساهمان بنسبة تتراوح ما بين 26% و 55% من الإنتاجية، وبالتالي فإن أي تقدم يعتمد بدرجة كبيرة على التعليم والتدريب.

ويعتبر التدريب إحدى الوظائف الرئيسية للإدارة، وركيزة أساسية من ركائز الإدارة السليمة، وهو إحدى المحاور الضرورية لعملية التنمية والتطوير الذاتي والتنظيمي.

هذا ولا يوجد أحد ليس في حاجة إلى التدريب، فالتدريب أحد الأدوات الرئيسية لتنمية الموارد البشرية وتطوير الفاعلية الكاملة لها.

تعريف التدريب

هناك تعريفات عديدة للتدريب نذكر منها:

1- التدريب هو عملية إعداد الفرد للعمل المثمر والاحتفاظ به على مستوى الخدمة المطلوبة، فهو نوع من التوجيه صادر من إنسان وموجه إلى إنسان آخر.

2- التدريب عبارة عن نشاط مخطط يهدف إلى إحداث تغييرات إيجابية في المتدربين Trainees من ناحية اتجاهاتهم ومعلوماتهم وأدائهم ومهاراتهم وسلوكياتهم، بما يجعل مستوى الأداء لديهم أفضل مما هو عليه.

3- التدريب عملية مستمرة خلال حياة الفرد، تبدأ منذ ولادته وتستمر حتى آخر حياته وفقا لاحتياجاته كفرد وكأحد العاملين في إحدى المنشآت، وكعضو في المجتمع.

4- التدريب هو النظام الذي يتبع في دراسة فن من الفنون أو مهنة من المهن أو أعمال وظيفية ما.

5- التدريب عملية تطوير وتنميته سلوك الفرد بوسيلة أو أكثر من وسائل التدريب، أو وسائل نقل الخبرة في مجال المعرفة أو المهارة أو الاتجاهات بغرض تحقيق معيار أداء مرغوب فيه.

6- التدريب عملية مخططة لتصحيح الأداء والمعرفة والمهارات من خلال تجربة تعليمية بهدف الوصول إلى أداء أكثر فاعلية.

7- التدريب هو مجموعة الطرق المستخدمة في تزويد العاملين الجدد أو الحاليين بالمهارات اللازمة لأداء وظائفهم بنجاح.

8- التدريب عملية تعديل إيجابي، ذات اتجاهات خاصة تتناول سلوك الفرد من الناحية المهنية أو الوظيفية، وذلك لاكتساب المعارف والخبرات التي يحتاج إليها الفرد.

9- التدريب عملية منظمة مستمرة محورها الفرد، تهدف إلى إحداث تغييرات محددة ذهنية وسلوكية وفنية لمقابلة احتياجات المحددة حاليا ومستقبليا يتطلبها الفرد والعمل الذي يؤديه والمنظمة التي يعمل فيها.

10- التدريب عملية تهدف إلى إكساب المتدربين الخبرات والمهارات التي يحتاجون إليها لأداء أعمالهم بشكل أفضل، أو لتجهيزهم لوظائف أعلى، أو لتحسين قدراتهم على مواجهة مشكلات تواجه المنظمة التي يعملون بها.

11- التدريب هو عملية نقل معرفة ومهارات محددة وقابلة للقياس.

12- التدريب والتطوير يقصد به كافة الجهود المخططة والمنفذة لتنمية قدرات (معارف ومهارات) العاملين بالمنظمة على اختلاف مستوياتهم وتخصصاتهم وترشيد سلوكياتهم، بما يعظم من فاعلية أدائهم وتحقيق ذواتهم من خلال تحقيق أهدافهم الشخصية وإسهامهم في تحقيق أهداف المنظمة.

13- التدريب عملية مخططة لتغيير الاتجاهات أو المعارف أو المهارات السلوكية من خلال خبرة تعليمية لبلوغ أداء فعال في نشاط أو مجال معين. والغرض من التدريب

في محيط العمل هو تطوير قدرات الفرد وتحقيق احتياجات المنظمة الحالية والمستقبلية من القوى العاملة.

في ضوء ما سبق يمكن تعريف التدريب بأنه عملية مخططة ومستمرة، تهدف إلى تلبية الاحتياجات التدريبية الحالية والمستقبلية لدى الفرد، من خلال زيادة معارفه وتدعيم اتجاهاته وتحسين مهاراته، بما يساهم ذلك في تحسين أدائه في العمل وزيادة الإنتاجية في المنظمة.

أهمية التدريب

يمكن أن نقول أن التدريب له أهمية كبيرة جدا لأي منظمة أيا كان نوعها أو حجمها أو مجال عملها أو مستواها أو نوع المنتج الذي تقدمه (سواء سلعة أو خدمة).

ويشير جاري ديسلر Gary Dessler إلى أن الاهتمام بالتدريب قد زاد خلال السنوات الأخيرة، حيث كان التدريب يستخدم بصفة أساسية في تزويد العاملين بالمهارات الفنية مثل التدريب على كيفية إعداد خطة أو ميزانية بشكل سليم. إلا أن التدريب الفني لم يعد كافيا بسبب ضرورة أن تتكيف المنظمة مع التغيرات التكنولوجية السريعة والمتلاحقة، وزيادة الاهتمام بتحسين مستويات جودة المنتجات، والرغبة في زيادة الإنتاجية لمواجهة تحديات المنافسة.

هذا ويتطلب التدريب على تحسين الجودة إجراء تدريب تعليمي، يتضمن قيام الفرد بكيفية تحليل البيانات ورسم الخرائط والأشكال البيانية، وفي نفس الوقت فإن الموظفين في الوقت الحالي بحاجة إلى مهارات في مجالات: تشكيل فرق العمل وصنع واتخاذ القرارات وإجراء الاتصالات، وكذا مهارات تكنولوجية في مجال استخدام الحاسبات الآلية. ونظرا لأن زيادة درجة المنافسة تتطلب تحسين مستوى الخدمة فإن الموظفين بحاجة إلى تدريب في مجال خدمة المستهلك حول أهم الأساليب والقدرات اللازمة لتقديم أفضل خدمة للعملاء.

ولا شك أن مثل هذه التحديات تزيد من أهمية قيام المنظمة بتقديم العديد من البرامج التدريبية للعاملين بها.

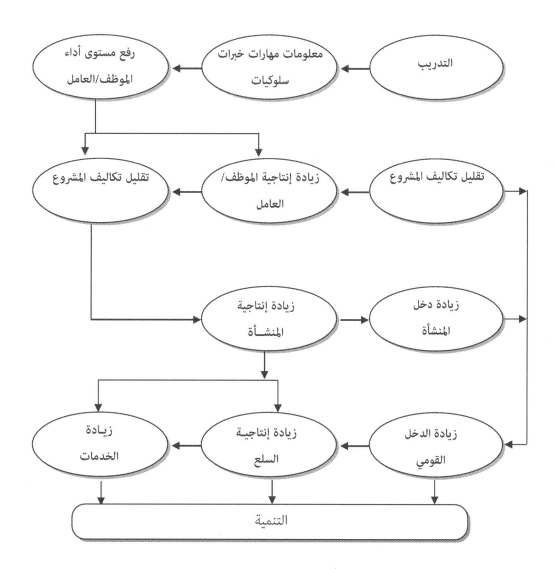

- شكل رقم (13)
أهمية التدريب

154

وفي ضوء ما سبق يمكن أن نقول أن التدريب هو أحد الطرق الرئيسية لرفع الإنتاجية، وهو عنصر حيوي بالغ الأهمية. والفرد المدرب المؤهل هو القادر دائما على عمله، المالك لناصيته، والواثق من نتائجه، والبعيد عن مخاطره.

بمعنى أن التدريب هو أحد المحاور الرئيسية لتحسين العنصر البشري حتى يصبح أكثر معرفة واستعدادا وقدرة على أداء المهام المطلوبة منه بالشكل المطلوب والمناسب وبابتكار.

ويشير أحمد سيد مصطفى إلى أن تسارع المتغيرات في بيئة المنظمة المعاصرة، سيحتاج كل عامل أو موظف أو مدير لاستيعاب معارف ومهارات جديدة، بمتوسط ثمانية مرات على الأقل خلال عمره الوظيفي. وقد اعتمدت الإدارة اليابانية مبدأ التدريب المستمر كمرادف للتحسين المستمر (Kaizen).

والتدريب وسيلة وليس غاية، فهو استثمارا Investment، وليس استهلاكا أو إهدارا للموارد المالية للمنظمة، ويوضح الشكل التالي أهمية التدريب في زيادة الإنتاجية Productivity، والمساهمة في تحقيق التنمية.

خصائص التدريب

في ضوء ما سبق يمكن تحديد بعض خصائص التدريب في الآتي:

1- التدريب نشاط رئيسي وليس أمرا كماليا تلجأ إليه الإدارة أو المنظمة أو تنصرف عنه باختيارها.

2- التدريب نظام متكامل يتكون من مجموعة من الأجزاء والعناصر المترابطة معا تقوم بينها علاقات تبادلية نفعية.

3- التدريب عملية شاملة، بمعنى شمولها لكل المستويات الإدارية التي تتضمنها المنظمة (الإدارة العليا والوسطى والإشرافية والتنفيذية). كذلك فإن التدريب يجب أن يقدم لكل التخصصات في المنظمة.

4- التدريب عملية إدارية ينبغي أن تتوفر لها مقومات العمل الإداري الكفء حتى ينجح. من هذه المقومات:

- وضوح الأهداف وتناسقها.
- وضوح السياسات وواقعيتها.
- توازن الخطط والبرامج.
- توفر الموارد المادية والبشرية.
- توفر الرقابة والتوجيه المستمرين.

5- التدريب عملية فنية تحتاج إلى خبرات وتخصصات محددة ينبغي توفيرها وأهمها:

- خبرة تخصصية في تحديد الاحتياجات التدريبية.
- خبرة تخصصية في تصميم البرامج التدريبية وإعداد المناهج التدريبية والمواد العلمية.
- خبرة تخصصية في اختيار الأساليب وإنتاج المساعدات التدريبية من وسائل الإيضاح وغيرها.
- خبرة تخصصية في تنفيذ البرامج التدريبية ونقل المعرفة والمهارة وأنماط السلوك المرغوبة للمتدربين.
- خبرة تخصصية في متابعة وتقييم فعالية التدريب.

6- التدريب نشاط متغير ومتجدد، حيث أن التدريب يتعامل مع متغيرات ومن ثم لا يجوز أن يتجمد في قوالب وإنما يجب أن يتصف بالتغير والتجدد هو الآخر فالإنسان الذي يتلقى التدريب عرضة للتغير في عادته وسلوكه وكذلك مهاراته ورغباته. والوظائف التي يشغلها المتدربون هي الأخرى لتواجه متطلبات التغير في الظروف والأوضاع الاقتصادية وفي تقنيات العمل ومستحدثاتها. من حصيلة كل ذلك تصبح إدارة التدريب مسئولة عن تجديده وتطويره من خلال:

- التجديد المستمر في أنماط البرامج التدريبية وأساليب ومعدات التدريب المستخدمة.

- التعرف المستمر على الأوضاع الإدارية والفنية في المنشأة والتغير في أوجه نشاطها وأساليب العمل.

مزايا التدريب:

للتدريب مزايا عديدة حاول عيضة بن سالم حمدان - في مقالة له عن التدريب - تحديدها كالتالي:

من مزايا التدريب أنه وسيلة فاعلة في تحويل الموارد البشرية في المنظمات من مجرد التعامل مع ردود الأفعال إلى المشاركة بفاعلية والمساهمة في اتخاذ القرارات.

إن التدريب لم يعد ترفا تمارسه المنظمات متى وكيف شاءت، بل أصبح أمرا حيويا ورئيسيا لمواكبة التحديات والمتغيرات المختلفة. يقول د. إبراهيم العساف «إن الطلب على التدريب سوف يتوازى قريبا مع الطلب على التعليم الأساسي». وينظر للتدريب على أنه أداة لإحداث التغيير الإيجابي في المعرفة والمهارات والسلوك والاتجاهات.

وللتدريب أيضا مزايا أخرى نذكر منها: أنه يكسب الموارد البشرية في المنظمة الثقة بالنفس، ويرفع الروح المعنوية، ويعمل على علاج بعض الظواهر السلوكية مثل كثرة الغياب، كما يعمل التدريب على تحسين جودة الخدمة أو السلعة المقدمة، إضافة إلى تنمية السلوكيات الإيجابية والاتجاهات الجيدة عن المنظمة، واكتشاف القدرات الكامنة لدى الموارد البشرية في المنظمة، وتهيئة البيئة المناسبة الصحية للتطوير والإبداع.

كذلك يقلل التدريب من التوتر الناجم عن نقص المعارف أو الخبرات أو المهارات، ويزيد من الولاء والانتماء للمنظمة، وتقليل الهدر المالي، معالجة جوانب القصور في المنظمة، زيادة الاستقرار والتماسك.

ومن مزايا التدريب أيضا: إعداد موظفين قادرين على شغل المناصب القيادية، تحديث معلومات الموارد البشرية في المنظمة، التنميط والتوحيد أي جعل الإنتاج أو الخدمة موحدة، وتنمية الشعور بالمسئولية، قلة إصابات العمل، قلة الإشراف إلى غير ذلك.

157

ولقد لخص جل بروكس Jill Brooks مزايا التدريب في النقاط الآتية:

1- تحسين الأداء.

2- استخدام أفضل للموارد الأخرى.

3- تحسين رضا العملاء.

4- انخفاض تسرب العاملين.

5- توزيع أجدى للعاملين.

أهداف التدريب

لقد وصفت هيئة ريادة التدريب والتطوير TDLB في بريطانيا الهدف الرئيسي من التدريب والتطوير بأنه تطوير الإمكانات البشرية لمساعدة الأفراد والمنظمات في تحقيق أهدافهم.

وفي معجم مصطلحات التدريب نجد أنه يحدد أهداف التدريب في محيط العمل في تطوير قدرات الفرد وتحقيق احتياجات المنظمة الحالية والمستقبلية من القوى العاملة.

وفي ضوء ما سبق يمكن أن نحدد الهدف الرئيسي من التدريب بأنه وسيلة فعالة لزيادة كفاءة وفاعلية المنشأة في تأدية الأدوار التي تقوم بها وتحقيق الأهداف المطلوبة منها.

ولتحقيق هذا الهدف الرئيسي يجب على المنشأة أن تعمل جاهدة على تحقيق الأهداف الفرعية التالية:

الأهداف الفرعية للتدريب

1- المساعدة على تحفيز العاملين على استمرارهم في عمليات التعلم، وتدريبهم على كيفية التعلم.

2- حماية العاملين والمنشأة من الوقوع في الأخطاء.

3- إمداد المتدرب بالأفكار والمعلومات والخبرات التي يحتاجها في عمله.

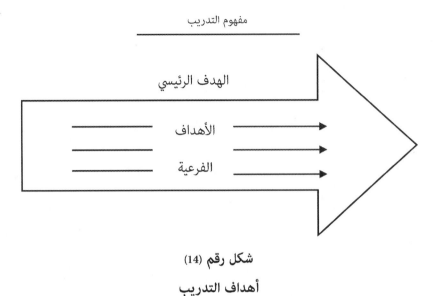

شكل رقم (14)

أهداف التدريب

4- إكساب المتدرب بالمهارات التي يحتاجها في عمله.

5- مساعدة العاملين على تأدية المسئوليات والواجبات المطلوبة منهم بكفاءة وفاعلية أكثر.

6- مساعدة العاملين على تأدية المسئوليات والواجبات المطلوبة منهم والتي لا يقومون بتأديتها.

7- مساعدة العاملين على تقوية علاقاتهم بالآخرين سواء داخل المنشأة أو مع العملاء أو مع القيادات الرسمية وغير الرسمية في المجتمع.

بينما يقسم علي محمد عبد الوهاب وآخرون أهداف التدريب إلى أربعة أنواع هي كالتالي:

(1) الأهداف اليومية المعتادة للوظيفة

والتي تشتق من الواجبات الرئيسية للوظيفة وتحقق القدر المطلوب من كفاءة الأداء، وتحفظ للوظيفة توازنها مع بقية الوظائف.

(2) أهداف حل المشكلات

والتي تختص بإيجاد حلول محددة للمشكلات التي تثور في العمل - من فنية وإنسانية

وغيرها. وتساعد هذه الأهداف الأفراد والمنظمات على الاستمرار في الإنجاز والتغلب على الصعوبات التي تصادف العمل.

(3) الأهداف الابتكارية

والتي تتعلق بالتطوير والاكتشاف والتجديد ويقوم التدريب هنا بمساعدة المتدربين على الوصول إلى أفكار جديدة في أعمالهم وحلول مبتكرة لمشكلاتهم وقرارات أكثر فعالية لتحقيق أهدافهم.

(4) الأهداف الشخصية

وهي التي يريد الأفراد تحقيقها لأنفسهم من تنمية ذاتية وترقية واحترام الآخرين وتأكيد الذات. ويهتم التدريب هنا بمساعدة الشخص على أن يضع لنفس أهدافا ويكشف الطرق الملائمة لبلوغها ويسعى إلى تحقيقها من خلال تحقيق مصالح العمل أيضا.

وتعمل الأنواع الأربعة من الأهداف في تناسق وتكامل بحيث يمهد بعضها لبعض ويكمل بعضها البعض الآخر.

وفي كتاب نشر حديثا عام 7200 عن التدريب بعنوان The Covert Aims of Training الأهداف غير المعلنة للتدريب، حدد رونالد والتون Ronald Walton أهداف التدريب في نوعين هما:

1- أهداف معلنة The Overt Aims واضحة رسمية مكتوبة، وتتمثل في الأهداف السابق الإشارة إليها.

2- أهداف غير معلنة The Covert Aims وغير واضحة، وغير رسمية، وتتمثل على سبيل المثال في الآتي:

حدوث نوع من التغيير الإيجابي في حياة المتدرب. فحضور برنامج تدريبي من قبل أحد المتدربين قد يؤدي على سبيل المثال: إلى تغيير نوع الملبس، ومواعيد العمل والطريق إلى العمل ونوع الغذاء ورئيس العمل وزملاء العمل ومناخ وبيئة العمل والمتدرب أثناء

البرنامج ليس عليه أي مسئوليات أو مهام مطلوب منه القيام بها... وهذا يؤدي بلا شك إلى تقليل ضغوط العمل ومعدل الاحتراق الوظيفي Job Burnout وتقليل الملل والتكرار والسأم من الروتين اليومي لدى المتدرب.

أيضا التدريب يمثل فرصة ممتازة لاكتساب علاقات إنسانية مع الآخرين أو صداقات جديدة مع الآخرين.

وقد يساهم التدريب في تحسين العلاقات الإنسانية بين المتدربين إذا كانت هناك مشكلات بينهم في العمل.

الأساليب والمؤشرات الداعية للتدريب

تواجه المنظمات العديد من التحديات والتغييرات المتسارعة التي أفرزتها العولمة وسماتها المختلفة، الأمر الذي دفع هذه المنظمات إلى إيجاد أساليب ومفاهيم إدارية حديثة من أجل البقاء أولا، ومن ثم المنافسة ثانيا. وأضحت المنظمات تولي الموارد البشرية المزيد من الاهتمام باعتبارهم أهم الموارد في المنظمة، كما أنهم مصدر للمعرفة والإبداع وهم محور العمل الإداري كما يقرر ذلك علماء الإدارة.

ومن صور هذا الاهتمام بالموارد البشرية: زيادة معارفهم ومهاراتهم وتطوير أفكارهم واتجاهاتهم باستمرار، وهذا لن يتأتى إلا بالتدريب... لقد أصبح التدريب - كما يشير عيضة بن سالم حمدان - خيارا استراتيجيا واستثمارا في الموارد البشرية، لأن التدريب هو الوسيلة السريعة والآلية المناسبة لنقل واستيعاب كل التغيرات المختلفة والتهديدات التي تحيط بالمنظمات.

وفي برنامج تدريبي عن التدريب حددت «بميك» مركز الخبرات المهنية للإدارة عددا من الأساليب والمؤشرات الداعية للتدريب موضحة في الشكل رقم (15) كالتالي.

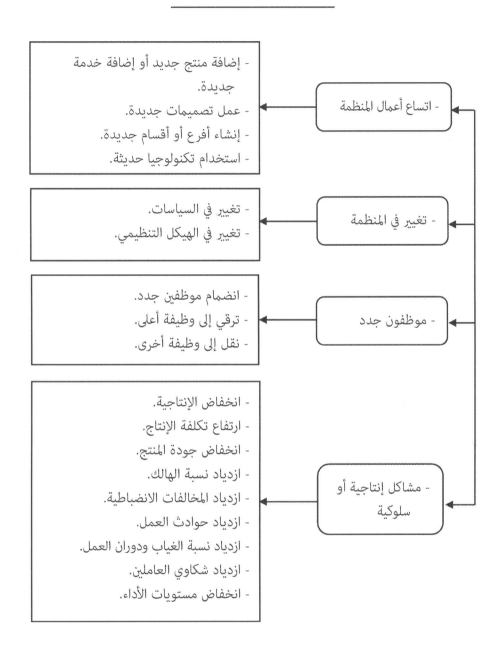

شكل رقم (15)

الأساليب والمؤشرات الداعية للتدريب

من يستفيد من التدريب ؟

يجيب عن هذا السؤال جل بروكس Jill Brookes في كتابه «قدرات التدريب والتطوير»   Training & Development Competence والمنشور عام 1995، من خلال توضيحه للمبررات الواعدة للتدريب والتي تضم على سبيل المثال:

1- زيادة المخرجات (سلع أو خدمات).

2- تخفيض إصابات وحوادث العمل.

3- تحسين الأداء.

4- تحسين النوعية.

5- تخفيض التالف.

6- تخفيض التكلفة.

7- خفض معدل دوران أو تسرب العاملين.

8- المحافظة على العاملين المتميزين.

9- تحسين الدوافع.

10- استخدام أفضل للموارد البشرية.

11- استخدام أفضل للموارد الأخرى.

12- تحسين الخدمة.

13- تحسين رضا العملاء.

14- تحمل مسئولية العمل.

15- تحديد واضح للفرص المهنية.

163

المصادر والمراجع

- أولا: المصـــادر.
- ثانيا: المراجع العربية.
- ثالثا: المراجع الأجنبية.

أولا: المصادر

1- القرآن الكريم

2- الأحاديث النبوية الشريفة

ثانيا: المراجع العربية

1- ابتسام الميموني: «السؤال أصل المعرفة»، **مجلة الراجحي**، العدد 74، الرياض: مارس 2003.

2- إبراهيم باشات: **أسس التدريب** (القاهرة: دار النهضة العربية، 1978).

3- أحمد سيد مصطفى: **إدارة الموارد البشرية** (القاهرة: المؤلف، 2004).

4- أحمد سيد مصطفى: **إدارة السلوك التنظيمي** (القاهرة: المؤلف، 2005).

5- أحمد سيد مصطفى: **المدير ومهاراته السلوكية** (القاهرة: المؤلف، 2005).

6- الفين توفلر: **صدمة المستقبل، المتغيرات في عالم الغد**، ترجمة علي ناصف (القاهرة: نهضة مصر، ط2، 1990).

7- براء عبد الكريم بكار: **إدارة الإبداع في منظمات التعلم** (الأردن: جامعة اليرموك، كلية الاقتصاد والعلوم الإدارية، 2002).

8- برنارد تايلور الثالث: **مقدمة في علم الإدارة**، تعريب سرور علي إبراهيم، مراجعة محمد يحيى عبد الرحمن (الرياض: دار المريخ، 2007).

9- بيتر ف. دراكر: **الإدارة**، ترجمة محمد عبد الكريم، مراجعة، نادية الهادي (القاهرة: الدار الدولية للنشر والتوزيع، 1995).

10- بيتر ف. دراكر: **الإدارة للمستقبل**، ترجمة صليب بطرس (القاهرة: الدار الدولية للنشر والتوزيع، 1995).

11- بيتر ف. دراكر: **تحديات الإدارة في القرن الواحد والعشرين**، ترجمة إبراهيم بن علي الملحم، مراجعة مساعد بن عبد الـلـه الفريان (الرياض: معهد الإدارة العامة، 2005).

12- توم بيترز: **ثورة في عالم الإدارة**، ترجمة محمد الحديدي، مراجعة صليب بطرس (القاهرة: الدار الدولية للنشر والتوزيع، 1995).

13- جاري ديسلر: **إدارة الموارد البشرية**، ترجمة محمد سيد أحمد عبد المتعال (الرياض: دار المريخ للنشر، 2003).

14- جفري فيفر: **الموارد البشرية كقوة تنافسية**، الشركة العربية للإعلام العلمي، شعاع، خلاصات، السنة3، العدد12، (القاهرة: يونيه، 1995).

15- جل بروكس: **قدرات التدريب والتطوير**، ترجمة عبد الإله إسماعيل كبتي، مراجعة عبد اللطيف بن صالح العبد اللطيف (الرياض: معهد الإدارة العامة، 2001).

16- جيرالد جرينبرج وروبرت بارون: **إدارة السلوك التنظيمي**، ترجمة رفاعي محمد رفاعي، وإسماعيل علي بسيوني (الرياض: دار المريخ للنشر، 1425هـ).

17- جنيفر جوي ـ ماثيوز وآخرون: **تنمية الموارد البشرية**، ترجمة علا أحمد إصلاح (القاهرة: مجموعة النيل العربية، 2008).

18- حسن محمد خير الدين وآخرون: **العلوم السلوكية** (القاهرة: مكتبة عين شمس، 2000).

19- حسين شراره ومحمد سعيد خشبة: **البرنامج التدريبي تكنولوجيا المعلومات** (القاهرة: المجموعة الاستشارية للشرق الأوسط، 2004).

20- سامية فتحي عفيفي ويسرية فراج محمد: **الاتجاهات الحديثة في الإدارة العامة** (القاهرة: حورس للطباعة والنشر، 2000).

21- سامية فتحي عفيفي: **دراسات في السلوك الإداري** (القاهرة: كلية التجارة، جامعة حلون، 2006).

167

22- سعد غالب التكريتي: **نظم مساندة القرارات** (عمان: دار المناهج للنشر والتوزيع، 2004).

23- سمير محمد فريد: **البرنامج التدريبي تشخيص وحل المشكلات** (القاهرة: مؤسسة التعاون للبترول، 2006).

24- سيد الهواري: **الإدارة، الأصول والأسس العلمية للقرن 21** (القاهرة: مكتبة عين شمس، ط2، 2000).

25- عامر الكبيسي: **الفكر التنظيمي** (الدوحة: دار الشروق للطباعة والنشر، 1998).

26- عبد الفتاح الشربيني وأحمد فهمي جلال: **أساسيات الإدارة** (شبين الكوم: مطابع الولاء الحديثة، الطبعة الثانية، 1997).

27- عبد الرحمن توفيق: **الإدارة المعرفة** (القاهرة: مركز الخبرات المهنية للإدارة، 2004).

28- عبد الرحمن توفيق: **التدريب الفعال** (القاهرة: مركز الخبرات المهنية للإدارة، 2004).

29- عبد الرحمن توفيق: «الإدارة ركيزة تحول الأحلام إلى واقع»، **المؤتمر العلمي السادس للمعهد العالي للخدمة الاجتماعية**، القاهرة: 4-5 إبريل 2007.

30- عبد الرحمن هيجان: «التعلم التنظيمي»، **مجلة الإدارة العامة**، المجلد 37، العدد3، 1998.

31- عبد الكريم درويش، وليلى تكلا: **الإدارة العامة** (القاهرة: مكتبة الأنجلو المصرية، 1974).

32- عبد المجيد السيد عبد المجيد: **الإدارة أصول ومبادئ وتطبيقات** (القاهرة: مكتبة عين شمس، 1999).

33- علي السلمي: **التدريب الإداري** (القاهرة: المنظمة العربية للعلوم الإدارية، 1970).

34- علي السلمي: «الإدارة المعرفة» **المجلة الدولية للعلوم الإدارية**، مجلد2، العدد2، يوليو 1997.

35- علي السلمي: **خواطر في الإدارة المعاصرة** (القاهرة: دار غريب للطباعة والنشر، 2001).

36- علي السلمي: **إدارة الموارد البشرية الاستراتيجية** (القاهرة: دار غريب للطباعة والنشر، 2001).

37- علي السلمي: **إدارة التميز** (القاهرة: دار غريب، 2002).

38- علي محمد صالح، وعبد الله عزت بركات: **مبادئ علم الإدارة** (عمان: الأردن: مكتبة الرائد العلمية، 2001).

39- علي محمد عبد الوهاب، وسعيد عامر: **الفكر المعاصر للتنظيم والإدارة** (القاهرة: مركز ويد سرفيس، 1994).

40- علي محمد عبد الوهاب: **التدريب والتطوير** (الرياض: معهد الإدارة العامة، 1981).

41- علي محمد عبد الوهاب وآخرون: **إدارة الموارد البشرية** (القاهرة: كلية التجارة، جامعة عين شمس، 2001).

42- علي محمود منصور: **مبادئ الإدارة، أسس ومفاهيم** (القاهرة: مجموعة النيل العربية، 1999).

43- عوض خلف العنزي: **إدارة جودة الخدمات العامة** (الكويت: مكتبة الفلاح، 2005).

44- فايزة السيد محمد عوض: **الاتجاهات الحديثة في تعليم القراءة** (القاهرة: ايتراك للطباعة والنشر، 2003).

45- فيليب سادلر: **القيادة**، ترجمة هدى فؤاد محمد (القاهرة: مجموعة النيل العربية، 2008).

46- محمد سعيد خشبه: **نظم المعلومات ـ المفاهيم والتكنولوجيا** (القاهرة: مكتبة الأخبار، 1987).

47- محمد سيد طنطاوي: محاضرة في ملتقى العلماء العالمي في ماليزيا، **جريدة الأهرام المصرية**، القاهرة: 15 يوليو 2003.

48- محمد محمد إبراهيم: **الاتجاهات المعاصرة في منظومة الإدارة** (القاهرة: مكتبة عين شمس، 2005).

49- محمد نبيل كاظم: **كيف تحدد أهدافك على طريق نجاحك؟** (القاهرة: دار السلام، 2006).

50- محمود عبد الكريم عبد الحافظ: **محاضرات برنامج تطوير أساليب إدارة شؤون الموظفين** (القاهرة: الهيئة المصرية العامة للثروة المعدنية، 2004).

51- مدحت محمد أبو النصر: «العوامل الرئيسية المؤثرة في تعظيم عائد التدريب أثناء الخدمة في المهن المساعدة»، **مؤتمر قياس التكلفة والعائد**، جمعية إدارة الأعمال العربية، القاهرة: 12-13 أكتوبر 1991.

52- مدحت محمد أبو النصر: «العوامل الرئيسية المؤثرة في تعظيم عائد التدريب»، **مؤتمر التدريب.. المستقبل**، هيئة التعليم التطبيقي، الكويت: أكتوبر 1993.

53- مدحت محمد أبو النصر: «المعلومات ونظم المعلومات في الإمارات العربية المتحدة ـ الواقع والطموح»، **المؤتمر الدولي دور الحاسوب في التعليم**، كلية العلوم الإدارية والاقتصادية، جامعة الإمارات العربية المتحدة، العين، 25-26 أكتوبر 1995.

54- مدحت محمد أبو النصر: «المعلومات ـ المفهوم والنظم والتدريب»، **مجلة الإدارة**، مجلد3، العدد2، القاهرة: أكتوبر 1998.

55- مدحت محمد أبو النصر: **اكتشف شخصيتك وتعرف على مهاراتك في الحياة والعمل** (القاهرة: إيتراك للطباعة والتوزيع والنشر، 2002).

56- مدحت محمد أبو النصر: **قواعد ومراحل البحث العلمي** (القاهرة: مجموعة النيل العربية، 2004).

57- مدحت محمد أبو النصر: **إدارة الجمعيات الأهلية** (القاهرة: مجموعة النيل العربية، 2004).

58- مدحت محمد أبو النصر: **إدارة منظمات المجتمع المدني** (القاهرة: إيتراك للطباعة والتوزيع والنشر، 2006).

59- مدحت محمد أبو النصر: **مهارات إدارة اجتماعات العمل بنجاح** (القاهرة: مجموعة النيل العربية، 2006).

60- مدحت محمد أبو النصر: **البرنامج التدريبي أساسيات الإدارة** (6 أكتوبر: الدار العربية، 2006).

61- مدحت محمد أبو النصر: **البرنامج التدريبي قيم وأخلاقيات العمل والإدارة** (القاهرة: جيتراك للتدريب والاستشارات، 2006).

62- مدحت محمد أبو النصر: **الإدارة بالحب والمرح** (القاهرة: إيتراك للطباعة والنشر والتوزيع، 2007).

63- مدحت محمد أبو النصر: **مفهوم ومراحل وأخلاقيات مهنة التدريب في المنظمات العربية** (القاهرة: إيتراك للطباعة والنشر والتوزيع، 2007).

64- مدحت محمد أبو النصر: **«إدارة الذات، المفهوم والأهمية والمحاور» ندوة كيف تدير ذاتك لتستطيع إدارة الآخرين** (القاهرة: 8-9 يناير، 2007).

65- مدحت محمد أبو النصر: **الإدارة بالحب والمرح** (القاهرة: إيتراك للطباعة والنشر والتوزيع، 2007).

66- مدحت محمد أبو النصر: **إدارة وتنمية الموارد البشرية، الاتجاهات المعاصرة** (القاهرة: مجموعة النيل، 2007).

67- مدحت أبو النصر: **أساسيات علم ومهنة الإدارة** (القاهرة: مكتبة دار السلام، 2007).

68- مدحت أبو النصر: **مراحل العملية التدريبية** (القاهرة: المجموعة العربية للتدريب والبحوث والتسويق، 2008).

69- مدحت أبو النصر: **إدارة الجودة الشاملة في مجال الخدمات** (القاهرة: مجموعة النيل العربية، 2008).

70- مدحت أبو النصر: **إدارة العملية التدريبية** (القاهرة: دار الفجر للنشر والتوزيع، 2008).

71- مدحت أبو النصر: **تنمية الذكاء العاطفي/الوجداني** (القاهرة: دار الفجر للنشر والتوزيع، 2008).

72- مدحت أبو النصر: **إدارة الذات** (القاهرة: دار الفجر للنشر والتوزيع، 2008).

73- مدحت أبو النصر: **إدارة الوقت** (القاهرة: المجموعة العربية للتدريب والبحوث والتسويق، 2008).

74- مدحت أبو النصر: **التفكير الابتكاري والإبداعي** (القاهرة: المجموعة العربية للتدريب والبحوث والتسويق، 2008).

75- مدحت أبو النصر: **مهارات الاتصال الفعال مع الآخرين** (القاهرة: المجموعة العربية للتدريب والبحوث والتسويق، 2008).

76- مدحت أبو النصر: **بناء ونمو وإدارة فرق العمل** (القاهرة: المجموعة العربية للتدريب والبحوث والتسويق، 2008).

77- مدحت أبو النصر: **مراحل العملية التدريبية** (القاهرة: المجموعة العربية للتدريب والبحوث والتسويق، 2008).

78- مصطفى مصطفى كامل: **إدارة الموارد البشرية** (الجيزة: كلية التجارة، جامعة القاهرة، 1992).

79- منير البعلبكي: **المورد، قاموس إنجليزي عربي** (بيروت: دار العلم للملايين، 2006).

80- مؤيد سعيد السالم: **منظمات التعلم** (القاهرة: المنظمة العربية للتنمية الإدارية، 2005).

81- نبيل راغب: **أقنعة العولمة السبعة** (القاهرة: دار الغريب، 2001).

82- نبيل علي: العرب وعصر المعلومات، **سلسلة عالم المعرفة**، المجلس الوطني للثقافة والفنون والآداب، العدد184، الكويت: إبريل 1994).

83- و. جاك دنكان: **أفكار عظيمة في الإدارة**، ترجمة محمد الحديدي (القاهرة: الدار الدولية للنشر والتوزيع، 1991).

ثالثا: المراجع الأجنبية:

1- A. M. Jones & C. Hendry: **The Learning Organization: A Review of Literature and Practice** (London: HRD Partnership, 1992).

2- Andrew J. Dubrin: **Applying Psychology** (N.J: Prentice-Hall, Inc., 4th ed., 1994).

3- B. Garratt: **The Learning Organization: Developing Democracy at Work** (Harper & Collins Publishers, 2001).

4- C. Argyris: **Organizational Learning** (Boston: Allyn & Bacon, 1990).

5- C. Argyris & D. Schon: **Organizational Learning, Theory, Method and Practice (Reading, U.K.:** Addison Wesley, 1996).

6- Cambridge International College: **Human Resource Management** (U.K.: Cambridge International College 2006).

7- Edward L. Brewinton: "Management Development" in Robert L. Craing (edr.): **The ASTD Training and Development Handbook** (N.Y.: Mc Graw-Hill, 4th ed., 1996).

8- Philip Sadler: **Leadership** (London: Kogan Page, 2003).

9- Francis Fukuyama: **Trust** (N.Y.; The Free Press 1995).

10- Frank Sonnenberg: **Managing with Conscience** (N.Y.: MC Graw Hill Co., 1998).

11- G. Abramson: **Knowledge Management** (N.Y.: MC Graw Hill Co., 1999).

12- 10) G. Huber: "Organizational Learning", **Organization Science,** Vol.2, No.1, 1991.

13- G. Probst & B. Buchel: **Organizational Learning** (N.Y.: Prentice Hall, 1997).

14- Harold Koontz and Cyil O'Donnell: **Principles of Management** (N.Y.: Mc Graw-Hill, 1972).

15- Harold Koontz & Heinz Weihrich: **Essentials of Management** (U.S.A.: Megraw Hill, 1990).

16- Henri Fayol: **Industrial and General Administration**, trans. JA. Coubrough (Geneva: International Management (Institute, 1930).

17- James A. Stoner: **Management** ((N.J.: Prentice Hall, Inc., 6th. ed., 2006).

18- Jane Henry: **Creative Management** (London: SAGE Publication, 2nd ed., 2000).

19- Jennifer Joy – Mathews & et. al: **Human Resource Development** (London: Kogan Page, 3rd. ed., 2004).

20- Jerald Greenberg & Robert A. Baron: **Behavior in Organization** (N. J: Prentice Hall 7th ed., 2002).

21- Michael Armstrong: **Human Resource Management Practice** (London: Kogan Page, 10 th. Ed., 2006).

22- M. J. Pedler, T. Boydell & J. C. Burgoyne: **The Learning Company** (London: Mc Graw Hill, 1991).

23- Peter F. Drucker: **The Practice of Management** (N.Y.: Harpe and Row, 1954).

24- Peter M. Senge: **The Fifth Discipline: The Art & Practice of Learning Organization** (N.Y.: Doubleday 1990).

25- Peter M. Senge: "Leading Learning Organization", **Training and Development** Vol. 50, Issue 12, 1996.

26- Pradip N. Khandwalla: **The Design of Organization** (N.Y.: Harcourt Brace Javanovih Inc., 3rd ed., 2000).

27- R. Buckley & J. Caple: **The Theory and Practice of Training** (London: Kogan Page, 1990).

28- R. Garratt: **The Learning Organization** (London: Fontana, 1987).

29- Ricky Griffin: **Management** (Boston: Houghton Miffin Co., 1993).

30- R.M. Gange: **The Canditions of Learning** (N.Y.: Rinehart & Winston, 1970).

31- R. Mondy & Preneaux: **Management Concepts, Practices and Skills** (U.S.A: Prentice Hall, Inc., 1997).

32- Robert C. Appleby: **Modern Business Administration** (London: Pitman Publishing, 7th ed., 2000).

33- Robert Tannenbaum & Warren H. Schmidt: "How to choose a Leadership Pattern", **Harvard Business Review**, Vol. 51, No. 3, May-June 1973.

34- Ronald Walton: **The Covert Aims of Training** (Cardiff, U.K.: University of Wales, 2007).

35- Stephen R. Covey: **The 7th. Habits of Highly Effective People** (London: Pocket Books, 1989, 2004).

36- Thomas S. Bateman & Carl P. Zelthaml: **Management** (Boston: IRWIN, 1999).

37- W. Choo: **The Knowing Organization** (N.Y.: Oxford University Press, 1998).

38- William Newman: **The Process of Management** (N.J.: Prentice – Hall, 5th ed., 1982).

39- Yashikayu Salcamoto (edr.): **Global Transformation, Challenges to the State System** (Tokyo: United Nation University, 1994).

40- Yeong Kim & John Short: **Globalization and City** (N.Y.: 1999).

Printed in the United States
By Bookmasters